云南大学
周边外交研究丛书

杨祥章 ◎ 著

地方参与
中国—东盟合作研究

中国社会科学出版社

图书在版编目（CIP）数据

地方参与中国—东盟合作研究 / 杨祥章著 .—北京：中国社会科学出版社，2021.5

（云南大学周边外交研究丛书）

ISBN 978 - 7 - 5203 - 8367 - 7

Ⅰ.①地… Ⅱ.①杨… Ⅲ.①国际合作—研究—中国、东南亚国家联盟 Ⅳ.①D822.333

中国版本图书馆 CIP 数据核字（2021）第 076126 号

出 版 人	赵剑英
责任编辑	马　明
责任校对	任晓晓
责任印制	王　超

出　　版	中国社会科学出版社
社　　址	北京鼓楼西大街甲 158 号
邮　　编	100720
网　　址	http://www.csspw.cn
发 行 部	010 - 84083685
门 市 部	010 - 84029450
经　　销	新华书店及其他书店
印刷装订	三河弘翰印务有限公司
版　　次	2021 年 5 月第 1 版
印　　次	2021 年 5 月第 1 次印刷
开　　本	710×1000　1/16
印　　张	12.75
插　　页	2
字　　数	204 千字
定　　价	69.00 元

凡购买中国社会科学出版社图书，如有质量问题请与本社营销中心联系调换
电话：010 - 84083683
版权所有　侵权必究

云南大学周边外交研究中心
学术委员会名单

主 任 委 员：郑永年

副主任委员：邢广程　朱成虎　肖　宪

委　　　员：（按姓氏笔画排序）
　　　　　　　王逸舟　孔建勋　石源华
　　　　　　　卢光盛　刘　稚　许利平
　　　　　　　李一平　李明江　李晨阳
　　　　　　　杨　恕　吴　磊　陈东晓
　　　　　　　张景全　张振江　范祚军
　　　　　　　胡仕胜　高祖贵　翟　崑
　　　　　　　潘志平

《云南大学周边外交研究丛书》
编委会名单

编委会主任：林文勋

编委会副主任：杨泽宇　肖　宪

编委会委员：（按姓氏笔画排序）
　　　　　　孔建勋　卢光盛　刘　稚
　　　　　　毕世鸿　李晨阳　吴　磊
　　　　　　翟　崑

总　序

　　近年来，全球局势急剧变化，国际社会所关切的一个重要议题是：中国在发展成为世界第二大经济体之后，其外交政策是否会从防御转变为具有进攻性？是否会挑战现存的大国和国际秩序，甚至会单独建立自己主导的国际体系？的确，中国外交在转变。这些年来，中国已经形成了"三位一体"的新型大外交，我把它称为"两条腿，一个圈"。一条腿是"与美、欧、俄等建立新型的大国关系，尤其是建立中美新型大国关系"；另一条腿是主要针对广大发展中国家的发展倡议，即"一带一路"；"一个圈"则体现于中国的周边外交。这三者相互关联，相互影响。不难理解，其中周边外交是中国外交的核心，也是影响另外两条腿行走的关键。这是由中国本身特殊的地缘政治考量所决定的。首先，周边外交是中国在新形势下全球谋篇布局的起点。中国的外交中心在亚洲，亚洲的和平与稳定对中国至关重要，因此能否处理好与周边国家关系的良性发展，克服周边复杂的地缘政治环境将成为影响中国在亚洲崛起并建设亚洲命运共同体的关键。其次，周边外交是助推中国"一带一路"主体外交政策的关键之举。"一带一路"已确定为中国的主体外交政策，而围绕着"一带一路"的诸多方案意在推动周边国家的社会经济发展，考量的是如何多做一些有利于周边国家的事，并让周边国家适应中国从"韬光养晦"到"有所作为"的转变，并使之愿意合作，加强对中国的信任。无疑，这是对周边外交智慧与策略的极大考验。最后，周边外交也是中国解决中美对抗、中日对抗等大国关系的重要方式与途径。中国充分发挥周边外交效用，巩固与加强同周边国家的友好合作关系，支持周边国家的发展壮大，提升中国的向心力，将降低美日等大国在中国周边地区与国家中的影响力，并化解美国在亚洲同盟与中国对抗的可能性与风险，促成周边国家自觉地对中国的外交政策做出适当的调整。

从近几年中国周边外交不断转型和升级来看，中国已经在客观上认识到了周边外交局势的复杂性，并做出积极调整。不过，目前还没能拿出一个更为具体、系统的战略。不难观察到，中国在周边外交的很多方面既缺乏方向，更缺乏行动力，与周边国家的关系始终处于"若即若离"的状态。其中导致该问题的一个重要原因是对周边外交研究的不足与相关智库建设的缺失，致使中国的周边外交还有很大的提升和改进空间。云南大学周边外交中心一直紧扣中国周边外交发展的新形势，在中国周边外交研究方面有着深厚的基础、特色定位，并在学术成果与外交实践上硕果颇丰，能为中国周边外交实践起到智力支撑与建言献策的重要作用。第一，在周边外交研究的基础上，云南大学周边外交中心扎实稳固，发展迅速。该中心所依托的云南大学国际问题研究院从20世纪40年代起就开始了相关研究。进入21世纪初，在东南亚、南亚等领域的研究开始发展与成熟，并与国内外相关研究机构建立了良好的合作关系，同时自2010年起每年举办的西南论坛会议成为中国西南地区最高层次的学术性和政策性论坛。2014年申报成功的云南省高校新型智库"西南周边环境与周边外交"中心更在中央、省级相关周边外交决策中发挥着重要作用。第二，在周边外交的研究定位上，云南大学周边外交中心有着鲜明的特色。该中心以东南亚、南亚为研究主体，以大湄公河次区域经济合作机制（GMS）、孟中印缅经济走廊（BCIM）和澜沧江—湄公河合作机制（LMC）等为重点研究方向，并具体围绕区域经济合作、区域安全合作、人文交流、南海问题、跨界民族、水资源合作、替代种植等重点领域进行深入研究并不断创新。第三，在周边外交的实际推动工作上，云南大学周边外交中心在服务决策、服务社会方面取得了初步成效。据了解，迄今为止该中心完成的多个应用性对策报告得到了相关部门的采纳和认可，起到了很好的资政服务作用。

云南大学周边外交中心推出的"云南大学周边外交研究丛书"系列与"云南大学周边外交研究中心智库报告"等系列丛书正是基于中国周边外交新形势以及自身多年在该领域学术研究与实践考察的

深厚积淀之上。从周边外交理论研究方面来看，该两套丛书力求基于具体的区域范畴考察、细致的国别研究、详细的案例分析，来构建起一套有助于建设亚洲命运共同体、利益共同体的新型周边外交理论，并力求在澜沧江—湄公河合作机制、孟中印缅经济合作机制、水资源合作机制等方面有所突破与创新。从周边外交的具体案例研究来看，该套丛书结合地缘政治、地缘经济的实际情况以及实事求是的田野调查，以安全合作、经济合作、人文合作、环境合作、边界冲突等为议题，进行了细致的研究、客观独立的分析与思考。从对于国内外中国周边外交学术研究与对外实践外交工作的意义来看，该丛书不仅将为国内相关研究同人提供借鉴，也将会在国际学界上起到交流作用。与此同时，这两套丛书也将为中国周边外交实践工作的展开提供智力支撑与建言献策的积极作用。

郑永年

2016 年 11 月

序

杨祥章博士对中国地方政府在中国—东盟关系中所扮演的重要角色的研究要成书出版了，异常的高兴。祥章说能否写一个序言，欣然答应。之前已经对祥章的书稿断断续续地读了几遍，总有些想法。

地方参与对外合作和中国—东盟关系无疑是当今国际问题研究的两个重要领域。自1991年建立对话关系以来，中国—东盟关系经历了翻天覆地的变化。当前，随着双边关系的深化，一个日益明显的现象就是，地方参与中国—东盟合作的广度、深度和活跃度前所未有。客观而言，鉴于中国部分省区与多个东盟国家山水相连，地方在中国—东盟关系中的角色和作用更具独特性，也更值得加以关注和深入研究。

祥章在其博士学位论文基础上完成了这本著作，尝试对地方参与中国—东盟合作进行全面的探讨。我觉得，总体上，本书在以下三个方面尤其值得肯定。

首先，呈现了地方参与中国—东盟合作的总体概貌。地方参与中国—东盟合作既有因各省区在地理位置、经济社会发展状况、对外合作规划等方面存在差异而产生的特性，也具有地方外事"两个服务"带来的共性。有别于对单一省区与东盟的合作进行纵向分析或对多个省区参与中国—东盟合作进行横向比较，本书从时空两方面切入对1991年以来地方参与中国—东盟合作总体上的历史进程、主要动因、参与路径、未来趋势以及在政治、经济、人文领域的具体表现都进行了较为清晰的梳理，呈现了地方参与中国—东盟合作的全局性和普适性特征。

其次，在此基础上，对地方在中国—东盟合作中角色的双重属性进行了概念化（conceptualization）的努力。学术是为了追求新知识，新知识形成的第一步便是对观察到的现象进行概念化的努力。祥章做到了这一点。地方参与中国—东盟合作的过程是一个随着中国—东盟关系发展、中国对外开放扩大以及地方自身发展需求变化的动态过程，受到外部因素的拉动和内部因素的推动。本书以府际关系为视角，提出了中国—东盟合作中，地方是具有一定能动性的代理人，并通过具体案例分析了中央与地方、不同地方之间的互动。兼具代理人本质和能动性特征的角色定位，符合中央负责制定对东盟政策以及地方结合本地具体情况予以执行的中国实际，为研究地方参与中国—东盟合作乃至更大范围的国际合作提供了新的分析视角。

第三，实现了学术研究与政策研究之间的平衡。中国—东盟研究具有很强的现实性和政策相关性。东盟长期以来都是中国周边外交的优先方向，东盟已然成为地方重要的外部合作伙伴。本书认可地方参与具有积极作用的同时，也注意到地方行为偏离中央政策的现象、地方间过度竞争的负面效应、地方能动性有待激发等问题，并在此认知基础上对进一步发挥地方积极作用进行了探讨。本书一定程度上有助于激发对中央和地方在对外合作中的功能划分进行理性思考，是对丰富和拓展中国外交学，特别是周边外交研究的有益尝试，对优化国际合作中的地方参与以及促进中国—东盟关系的良性发展也有所裨益。

在参与了祥章论文指导的整个过程之后，看到她这么一个重大的研究成果，感觉到学术后生的可畏之处。祥章认真、坚韧的研学态度让我感到欣慰。她在新加坡访学的一年中，我们经常就其学业进展和其他感兴趣的研究议题进行当面探讨，其余时间则定期保持邮件沟通。事实上，自2007年开始硕士学业以来，祥章就持续关注中国—东盟合作，并随着研究兴趣的日增而逐步将视野从对具体省区与东盟的合作扩大到地方对中国—东盟合作的参与。本书是她在既往学习和研究积累上的阶段性学术成果。当然，各省区参与中国—东盟合作实际情况的复杂性与多样性，本书所提出的一系列论题有待于作者进一步深入探讨研究。我相信,在专职科研人员的岗位上,她还会围绕这个领域继续努力,将研究进一步做深、做实,从而为这个领域不断注入新的知识。

郑永年
2020 年 5 月于新加坡

前　　言

随着全球化的推进和中国对国际事务参与程度的加深,地方被推向对外交往的前沿,地方外事成为国家整体对外交往不可分割的一部分。自 1991 年中国与东盟建立对话关系以来,地方积极参与中国—东盟合作,成为中国周边外交和中国—东盟关系中不容忽视的影响力量。

本书提出,在中国—东盟合作中,地方是具有一定能动性的中央代理人,兼具代理人本质和能动性特征的双重属性。中国的单一集权制决定了地方的代理人本质;地方自身的利益需求是其能动性的产生根源。当前的中国—东盟合作处于一个委托人和多个代理人的局面。地方的代理人性质和能动性特征在其参与中国—东盟合作的动因、表现、路径以及地方与中央、地方与地方的互动上得到充分体现。

地方积极参与中国—东盟合作具有多重动因,是经济全球化加速、中国中央政府鼓励引导以及地方发展需求共同作用的结果。中国对全球化的融入和中国—东盟关系的发展为地方参与中国—东盟合作提供了重要的外部平台,中央政府对地方的授权为地方参与中国—东盟合作提供了合法性,地方发展对外合作的客观要求为地方积极参与中国—东盟合作提供了必要的内部激励。地方的身影出现在中国与东盟在政治安全、经贸往来与人文交流的各领域。根据中央授权的大小,地方在不同领域的参与能动性存在差异。鉴于政治安全合作领域的高度敏感性,地方主要是政策执行者;在经济和人文领域,地方执行中央政策的同时,能动性开始凸显。总体上看,地方的参与有效促进了中国与东盟在各领域的合作,丰富了中国对东盟整体外交的形式和内容,为中国周边外交的落地和中国—东盟关系的发展提供了有力支撑。以"自上而下"为主和以"自下而上"为主的双向路径更能体现出，在中国—东盟合作中，地方是具有能动性的中央代理人。以"自上而下"路径为主的参与中融入了地方的努力，以"自下而上"路径为主的地方尝试中也包含着中央的支持。这也是地方利益与国家利益相统一、地方参与内嵌于中国对东盟政策总体框架内以及地方代理人和能动性并存的综合表现。

地方参与中国—东盟合作的过程伴随着地方与中央、不同地方间的频繁互动。总体上说，地方与中央之间的利益一致，以协作为主，在某些情况下，地方局部利益与国家整体利益也存在一定矛盾。地方在中央政策框架内开展活动，并不挑战中央政府的权威。地方之间会为了共同利益而联合起来，也会为了本地的利益最大化而彼此竞争。地方间的竞争往往出现在具有同类优势的省区之间。地方局部利益与国家整体利益之间的矛盾和地方间竞争不可避免地给中国—东盟关系的发展带来一定的负面影响，增加了中国总体外交和地方发展的成本。地方参与对中国周边外交和中国—东盟关系的贡献还有较大的提升空间。鉴于地方参与中国—东盟合作是必然趋势，需要加大中央对地方参与的指导和统筹，提升地方的服务意识和积极性，使地方参与更好地服务中国周边外交的有效落实、中国—东盟命运共同体的构建和地方经济社会的发展。

目　录

绪　论 ……………………………………………………………… (1)
 一　选题缘起 …………………………………………………… (1)
 二　国内外研究现状 …………………………………………… (2)
 三　主要概念阐释 …………………………………………… (10)
 四　章节安排 ………………………………………………… (12)

第一章　地方参与中国—东盟合作的分析框架 ……………… (13)
 第一节　地方参与中国—东盟合作的历程 ………………… (13)
  一　地方初步探索（1991—2003 年）……………………… (13)
  二　地方能动性提升（2004—2013 年）…………………… (14)
  三　府际互动加速（2014 年至今）………………………… (16)
 第二节　地方参与对外合作相关理论 ……………………… (18)
  一　府际关系 ………………………………………………… (19)
  二　多层外交 ………………………………………………… (21)
 第三节　具有能动性的代理人分析框架 …………………… (23)
  一　地方角色的定位 ………………………………………… (23)
  二　地方能动性的府际映射 ………………………………… (24)
 本章小结 ……………………………………………………… (27)

第二章　地方参与中国—东盟合作的动因 …………………… (28)
 第一节　国际层面因素 ……………………………………… (28)
  一　经济全球化加速 ………………………………………… (29)

  二　中国—东盟关系升级 …………………………………（32）

 第二节　国家层面因素 ……………………………………（35）

  一　中央对地方授权 ……………………………………（36）

  二　对外开放扩大 ………………………………………（37）

  三　周边外交发展 ………………………………………（39）

 第三节　地方层面因素 ……………………………………（40）

  一　落实中央对地方的定位 ……………………………（40）

  二　地方发展的现实需求 ………………………………（41）

  三　地方与东盟国家存在既有联系 ……………………（43）

 本章小结 ……………………………………………………（46）

第三章　地方参与中国—东盟合作的表现 ………………（47）

 第一节　经贸合作领域 ……………………………………（47）

  一　贸易畅通 ……………………………………………（47）

  二　资金融通 ……………………………………………（59）

  三　设施联通 ……………………………………………（64）

 第二节　人文交流领域 ……………………………………（73）

  一　教育合作 ……………………………………………（73）

  二　友城网络 ……………………………………………（80）

  三　文化交流 ……………………………………………（82）

 本章小结 ……………………………………………………（87）

第四章　地方参与中国—东盟合作的路径 ………………（89）

 第一节　自上而下的路径 …………………………………（89）

  一　地方规划对接中央部署 ……………………………（89）

  二　参与次区域合作 ……………………………………（91）

  三　承办大型国际活动 …………………………………（94）

 第二节　自下而上的参与路径 ……………………………（98）

  一　构建与东盟国家（地方）的对话机制 ……………（98）

二　加强与中央部委合作 …………………………………（103）
　　三　派驻经贸办事机构 ……………………………………（104）
　　四　扩大对外宣传 …………………………………………（106）
　　五　提升合作参与能力 ……………………………………（109）
　本章小结 ………………………………………………………（110）

第五章　地方参与中国—东盟合作的府际互动 ……………（112）
　第一节　央地互动 ……………………………………………（112）
　　一　央地协力 ………………………………………………（112）
　　二　地方行为偏离中央政策 ………………………………（116）
　第二节　地方间互动 …………………………………………（118）
　　一　地方间合作 ……………………………………………（118）
　　二　地方间竞争 ……………………………………………（121）
　本章小结 ………………………………………………………（126）

第六章　地方参与中国—东盟合作展望 ……………………（127）
　第一节　地方参与中国—东盟合作的趋势 …………………（127）
　　一　周边合作对地方参与的需求增大 ……………………（128）
　　二　中央政府对地方参与的重视上升 ……………………（129）
　　三　地方参与积极性增强 …………………………………（130）
　　四　地方参与主体日益多元 ………………………………（131）
　第二节　地方参与中国—东盟合作面临的挑战 ……………（133）
　　一　地方参与定位有待明确 ………………………………（133）
　　二　地方参与促进机制有待完善 …………………………（134）
　　三　地方参与能动性有待引导 ……………………………（135）
　第三节　加强中国—东盟合作府际良性互动的思考 ………（135）
　　一　中央加强"放管服" ……………………………………（136）
　　二　地方加强"服管放" ……………………………………（137）
　本章小结 ………………………………………………………（139）

结　论 …………………………………………………（141）

附　录 …………………………………………………（145）

参考文献 ………………………………………………（165）

后　记 …………………………………………………（183）

绪　　论

一　选题缘起

东盟是中国的近邻和不可或缺的外部合作伙伴，在中国的全球对外关系布局中具有不言而喻的重要地位，自1991年建立对话关系以来，中国—东盟关系得到持续发展，并进入了建设命运共同体的新历史阶段。[①] 一方面，2013年以来，中国提出的"一带一路"倡议得到东盟国家的积极响应，在东盟地区不断推进；2015年11月，中国—东盟自贸区完成升级谈判。另一方面，东盟共同体于2015年底建成，但一体化建设仍任重道远；部分东盟国家的内政变化带来外交政策的调整；美国、日本、印度等域外大国力量在本地区日益活跃。这些形势变化使中国周边外交政策在东盟地区的落地以及中国—东盟命运共同体的构建面临着新的机遇和挑战。鉴于东盟在中国周边外交中的重要性，需要整合一切可利用资源，推进中国—东盟关系迈上新台阶。

与此同时，地方已经成为国际关系舞台上公认的重要角色，在中国也不例外。自1991年以来，中国各省（区、市）积极参与中国—东盟合作，并在中国—东盟关系的发展中扮演着越来越主动且不可忽视的角色。地方的涉外活动已经成为中国周边外交政策在东盟地区的具体落实和有力补充。[②] 从1992年中央授权云南代表中国参与大湄公河次区域经济合作（GMS），到2004年广西南宁成为中国—东盟博览会的永久举办地和随之而来诸多中国—东盟地方间合作机制的建

---

① 杨祥章：《我国地方政府参与中国—东盟合作的动力、进程与特点》，《和平与发展》2018年第4期，第95页。

② 同上。

立，再到近年来重庆、广西等省（区、市）共同推进国际陆海新通道建设，地方参与中国—东盟合作的积极性和主动性日渐高涨。一些省（区、市）的"十三五"发展规划中，也提出了加强对外交往、深化与东盟国家的合作。与此同时，中央也加大了对地方参与中国—东盟合作的指导。2015年3月，中国国家发改委、外交部和商务部联合发布了《推动共建丝绸之路经济带和海上丝绸之路的愿景与行动》，用专门的章节描述了不同省（区、市）在新时期的开放态势和定位，其中就涉及部分省（区、市）在中国—东盟合作中的定位。2016年3月以来，外交部开始不定期举办省（区、市）全球推介活动，为地方参与对外合作搭建起新的平台。中央和各省（区、市）对地方参与中国—东盟合作的重视程度在加深，地方进一步参与中国—东盟合作是大势所趋。

鉴于东盟在中国对外关系中的重要性，以及地方对中国—东盟合作的越来越积极的参与，当前中国周边外交研究亟须正视和回答涉及地方参与中国—东盟合作的系列问题。地方在中国—东盟合作中扮演怎样的角色？其角色定位在地方参与中国—东盟合作的表现、动因和路径上是怎样体现出来的？地方在中国—东盟合作所扮演的角色对中国—东盟关系的发展乃至中国周边外交有何影响？本研究拟以府际关系为视角，探讨地方参与中国—东盟合作的表现、动力、路径和发展趋势，定位地方在中国—东盟合作中的角色，对前述问题做出尝试性回答。

二 国内外研究现状

（一）国内外研究现状

国内外相关的研究可以归为四类：一是中国—东盟合作的总体研究；二是地方在国家对外关系中的角色；三是地方在中国对外关系中的作用；四是中国—东盟合作中的地方行为。

关于中国—东盟合作的总体研究，相关成果多如牛毛，涵盖政治、经济、文化等各个领域。总体上看，这些研究认识到中国与东盟存在共同利益，也看到双边关系未来发展面临需要克服的挑战和问题。徐步、张蕴岭等人认为，党的十八大以来，中国更加积极主动地塑造周边,随着"一带一路"建设的推进和中国—东盟自贸区的升级,中国—东盟关系迈入了新的历史阶段,但同时也面临新形势和许多新挑战,要让双方关系继续提升,需要智慧和创新。① 于建忠和范祚军回顾了近现代以来中国与东南亚及东盟国家的关系,认为东盟共同体建设对中国—东盟关系发展产生了积极影响,也带来了一些制约。② 翟崑和王丽娜提出,中国"亲诚惠容"形象的塑造和东盟命运共同体建设等战略的实施,效果不如预期,东盟国家在感到些许不适的同时依然对中国的战略目标心存疑虑,部分国家民族情绪高涨,不利于中国—东盟关系的可持续发展。③ 梁颖认为,中国—东盟在"钻石十年"的合作要取得量的支撑和质的突破,需要有新的重大举措。④ 东盟学者也认为,20世纪70年代以来,中国与东盟的关系得到根本性改善。尤其是1991年以来,中国—东盟关系发展迅速,但存在不同领域合作发展不平衡的问题,双边经济合作是重点,在政治、安全与人文领域的合作不足。在地缘政治、南海问题、美国重返亚太等内外部压力下,未来中国—东盟关系的发展将面临更复杂的形势。⑤ 鉴于本书更侧重中国—东盟合作中的地方参与,关于中国—东盟合作的总体研究就不再一一赘述。

关于地方在国家对外关系中的角色,外国学者的研究较早,且提出了平行外交、多层外交两个不同视角的次国家政府理论。伊沃·杜

---

① Xu Bu, Yang Fan, "A New Journey for China-ASEAN Relations", *China International Studies*, Vol. 1, 2016;张蕴岭:《推动中国—东盟关系要靠智慧与创新》,《中国—东盟研究》2017年第1辑。

② 于建忠、范祚军:《东盟共同体与中国—东盟关系研究》,人民出版社2018年版。

③ 翟崑、王丽娜:《"一带一路"背景下的中国—东盟民心相通现状实证研究》,《云南师范大学学报》(哲学社会科学版)2016年第6期;Wang Lina, Zhai Kun, "China's Policy Shifts on Southeast Asia: To Build a 'Community of Common Destiny'", *China Quarterly of International Strategic Studies*, Vol. 2, 2016。

④ 梁颖:《中国—东盟政治经济互动及机制研究》,人民出版社2016年版。

⑤ Lee Lai To, "China's Relations with ASEAN: Partners in the 21st Century?", *Pacific Review*, Vol. 13, No. 1, February 2001; James K. Chin, Nicholas Thamas eds., *China and ASEAN: Changing Political and Strategic Ties*, Centre of Asian Studies, The University of Hong Kong, 2005; Tim Summers, "China's 'New Silk Roads': Sub-national Regions and Networks of Global Political Economy", *Third World Quarterly*, Vol. 37, No. 9, 2016; Aileen S. P. Baviera, "China's Foreign Initiatives under Xi Jinping: An ASEAN Perspective", *China Quarterly of International Strategic Studies*, Vol. 2, 2016。

切克（Ivo D. Duchacek）等提出的平行外交理论认为，次国家政府是相对独立的对外关系行为体，从事平行于中央的国际活动。① 在弗朗西斯科·奥尔德卡（Francisco Aldecoa）和迈克尔·基廷（Michael Keating）主编的《平行外交行动：次国家政府的对外关系》一书中，西方学者以美国、澳大利亚联邦政府和州政府间的竞争、欧盟、加拿大魁北克为例，对平行外交进行了考察。② 而白里安·豪京（Brian Hocking）则认为，外交政策已经地方化，中央与地方政府在对外事务上存在的是多层外交，而非平行外交。③ 卡洛·帕纳拉（Carlo Panara）④ 考察了欧盟的多层外交现状，以及地方政府对欧盟法律制定和实施的影响。陈志敏是国内较早研究地方在对外关系中作用的学者。他在21世纪初就提出"次国家政府在对外事务中的参与不断加强，并对一国对外政策的运作带来复杂的影响，并认为地方政府作为一类特殊的国际事务参与者具有非主权性、政府性、地方性和中介性四个特征；次国家政府国际活动与中央外交具有四种互动模式，即代理型互动模式、协作型互动模式、互补型互动模式和冲突型互动模式"⑤。李莹认为，导致中央外交与地方外事活动发生冲突的因素包括本地区社会经济利益、地区能动性和国际社会的相互依赖，其冲突协调方式分为补充型、协调型和平行型，并以日本（服从型国家）、美国（分权型国家）和比利时（平行型国家）为例进行了分析。⑥ 王义魏认为，地方政府是对外经济制度创新的推动者、对外经济多元主体的培育者、对外经济众多资源的整合者和对外经济区域联合的组织者。⑦ 鉴于中国特殊的社会制

---

① Ivo D. Duchacek, *The Territorial Dimension of Politics: Within, Among, and Across Nation*, London: Westview Press, 1986.
② Francisco Aldecoa and Michael Keating eds., *Paradiplomacy in Action: The Foreign Relations of Subnational Governments*, London: Frank Cass, 1999.
③ Brian Hocking, *Localizing Foreign Policy: Non-central Governments and Multilayered Diplomacy*, London: The MacMillan Press Limited, 1993.
④ Carlo Panara, *The Sub-national Dimension of the EU: A Legal Study of Multilevel Governance*, Switzerland: Springer International Publishing, 2014.
⑤ 陈志敏：《次国家政府与对外事务》，长征出版社2001年版。
⑥ 李莹：《中央外交与地方外事活动的协调方式研究》，硕士学位论文，外交学院，2013年。
⑦ 王义魏：《对外经济关系中的地方政府角色研究》，硕士学位论文，广西民族大学，2009年。

度和政治体制，有着特定的央地关系，上述国内外学者的研究对地方在中国对外关系中的适用性有一定的局限。

具体到地方在中国对外关系中的作用，张赞贤（Peter T. Y. Cheung）和邓特抗（James T. H. Tang）提出，"中国各省区在其对外关系中越来越活跃，省级政府的外交事务不再仅仅服务于中央政府的利益，而是通过发展外部关系来提升本省的国际形象和实现本身的经济利益"①。奥黛丽·王（Audrye Wong）通过案例分析表明，即便是像海南和云南这样经济实力不强的边缘省份，也可以影响到中国的对外政策。②琳达·雅克布森（Linda Jakobson）和迪恩·诺克斯（Dean Knox）认为，地方政府已经成为中国对外政策制定中的新参与者。地方政府，特别是沿海和沿边地方政府，非常重视包括降低国际贸易壁垒和促进外商投资在内的经济自由化，热衷于推动中国参与国际一体化。③ 国内学者也结合中国的政治体制，对中国地方参与对外合作的动机及其在中国对外关系中的作用开展了相关研究。郑永年认为，"地方政府在推动国际贸易发展的同时，也在寻求实现本地利益，并可能对中央政府的外交政策制定形成制约"④。王逸舟提出，"中国的'次中央单位'真实地构成了一种新崛起的压力集团，有力地影响着新时期复杂多变而充满新意的中国外交"⑤。苏长和认为，制度性分权和政策性分权为地方政府参与国际合作提供了激励和保障。在现行中国国家

---

① Peter T. Y. Cheung and James T. H. Tang, "External Relations of China's Province", in David M. Lampton ed., *The Making of Chinese Foreign and Security Policy in the Era of Reform* 1978–2000, California: Stanford University Press, 2011；转引自杨祥章《我国地方政府参与中国—东盟合作的动力、进程与特点》，《和平与发展》2018年第4期，第97页。

② Audrye Wong, "More than Peripheral: How Provinces Influence China's Foreign Policy", *The China Quarterly*, No. 235, September 2018.

③ Linda Jakobson, Dean Knox, "New Foreign Policy Actors in China", Stockholm International Peace Research Institute (SIPRI) Policy Paper No. 26, September 2010.

④ Zheng Yongnian, "Perforated Sovereignty: Provincial Dynamism and China's Foreign Trade", *The Pacific Review*, Vol. 7, No. 3, 1994; Peter T. Y. Cheung and James T. H. Tang, "External Relations of China's Province", in David M. Lampton ed., *The Making of Chinese Foreign and Security Policy in the Era of Reform* 1978–2000, California: Stanford University Press, 2011；转引自杨祥章《我国地方政府参与中国—东盟合作的动力、进程与特点》，《和平与发展》2018年第4期，第107页。

⑤ 王逸舟：《全球政治和中国外交》，世界知识出版社2003年版。

结构下,地方参与国际合作对中央外交起着配合、补充和支持的作用。① 张春在研究中国地方参与非洲合作后提出,鉴于中国特殊的央地关系和国家总体外交布局,地方参与国际交往很大程度上是对国家总体外交的补充和强化,更好的定位应该是外交补位。② 王立军认为,地方政府国际合作已经成为中国的重要政治历史现象,对中国外交起到了重要的配合、补充、服务作用,使中国外交呈现出了多维度的变化。③ 张鹏分析了地方参与对外关系的中国传统和西方经验,以德国为例进行了中西方对比,提出并从央地、内外和地地三组关系论证了在中国的对外关系中,地方部门是"有限参与行为体"。④ 任远喆认为,中国的次国家政府外交经历改革开放初期的不平衡发展,20世纪90年代到2010年左右的快速发展,及近年来以战略性与多样性的深度融合为特点的三个阶段,同时还提出,中国的次国家政府外交开始具备软介入、战略性、功能性等特征。⑤ 其他涉及中国地方涉外活动的相关研究成果还包括李敏的《中国国家外事多层化格局问题研究》、郭钊的《次国家政府对国家外交的作用研究——以上海市为例》、王立军的《论地方政府国际行为的动力来源》、徐大超的《地方政府参与国际合作问题研究》、李琳的《央地关系视角下的中国地方政府对外交往》⑥等。这些研究成果主要探讨了中国地方参与对外合作的动力,在国家外交中的作用,以及存在的一些问题。

需要指出的是,还有许多学者从城市外交的角度来考察地方的对外交往,并已经形成了丰富的研究成果。例如,赵可金、陈维的

---

① 苏长和:《中国地方政府与次区域合作:动力、行为及机制》,《世界经济与政治》2010年第5期。
② 张春:《地方参与中非合作研究》,上海人民出版社2015年版。
③ 王立军:《全球化背景下的中国地方政府国际合作》,博士学位论文,山东大学,2012年。
④ 张鹏:《中国对外关系展开中的地方参与研究》,上海世纪出版集团2015年版。
⑤ 任远喆:《次国家政府外交的发展及其在中国跨境区域合作中的实践》,《国际观察》2017年第3期。
⑥ 李敏:《中国国家外事多层化格局问题研究》,《国家行政学院学报》2009年第1期;郭钊:《次国家政府对国家外交的作用研究——以上海市为例》,硕士学位论文,上海交通大学,2011年;王立军:《论地方政府国际行为的动力来源》,《科学与管理》2011年第6期;徐大超:《地方政府参与国际合作问题研究》,《南阳理工学院学报》2013年第5卷第2期;李琳:《央地关系视角下的中国地方政府对外交往》,硕士学位论文,外交学院,2014年。

《城市外交：探寻全球都市的外交角色》，许宴清的《全球化时代中国城市外交模式初探》，陈维的《中国城市外交：理念、制度与实践》，陈楠的《全球化时代的城市外交：动力机制与路径选择》①，等等。其中，一些学者以具体的省（区、市）为案例，分析了中国地方的城市外交及其影响。例如，杨勇和李琳分别从城市外交和央地关系的不同视角，探讨了广州的对外交往②；祁怀高分析了山东对中国和韩国建交的影响③；丁湉湉以中国成都与英国谢菲尔德、伦敦城市外交为例，分析了次国家行为体在对外事务中的作用④；谢樱研究了上海开埠以来的对外交往⑤；等等。

关于中国—东盟关系中的地方角色和行为，国内学者是研究主力，相关成果主要是从经贸层面进行考察，从中国—东盟总体关系和外交学角度来考量中国地方行为的研究成果并不多，且多以广西和云南为研究对象。国际危机组织（International Crisis Group）在其关于中缅关系的研究报告中称，云南是中国对缅政策中最具影响力的地方参与力量。⑥ 杭智科（Hans Hendrischke）认为，改革开放的扩大使广西凭借地缘优势成为连接中国西南与东南亚的桥梁。⑦ 李志良（Karl）提出，广西在2004年到2015年间，已经从中国—东盟合作

---

① 赵可金、陈维：《城市外交：探寻全球都市的外交角色》，《外交评论》2013年第6期；许宴清：《全球化时代中国城市外交模式初探》，硕士学位论文，外交学院，2014年；陈维：《中国城市外交：理念、制度与实践》，《公共外交季刊》2017年第2期；陈楠：《全球化时代的城市外交：动力机制与路径选择》，《国际观察》2017年第5期。

② 杨勇：《全球化时代的中国城市外交——以广州为个案的研究》，博士学位论文，暨南大学，2007年；李琳：《央地关系视角下的中国地方政府对外交往》，硕士学位论文，外交学院，2014年。

③ 祁怀高：《中国地方政府对中韩建交的影响——以山东省的作用为例》，《当代韩国》2010年冬季刊。

④ 丁湉湉：《全球视野下次国家行为体在对外事务中作用的发挥——以中国成都与英国谢菲尔德、伦敦城市外交为例》，硕士学位论文，北京外国语大学，2017年。

⑤ 谢樱：《上海城市外交研究》，硕士学位论文，上海外国语大学，2012年。

⑥ International Crisis Group, *China's Myanmar Dilemma*, Asian Report No. 177, September 2009.

⑦ Hans Hendrischke, "Guangxi: Towards Southwest China and Southeast Asia", in David S. G. Goodman ed., *China's Provinces in Reform*, London and New York: Routledge, 1997.

的项目实施者发展为项目创新者。① 玛格丽特·斯万（Margaret Swain）认为，跨境移民和贸易影响了云南及其民众的认同，使云南成为北京及周边东南亚国家间竞争与合作的媒介。② 郑宇硕（Joseph Y. S. Cheng）认为，广西、云南等省区在中国—东盟经济合作中扮演重要角色。③ 李明江（Li Mingjiang）提出，地方自由主义推动中国地方发展与东南亚国家的合作关系，④ 他进一步指出，"中国边境省区地方政府在推动跨境和次区域合作上扮演重要角色，并影响到中国与许多亚洲国家间的关系"⑤。胡佳、王开茹分析了"一带一路"背景下中国—东盟间地方跨国合作的动力机制与约束条件，提出地缘优势、全体规模的同质性、共同政策目标、领导者推动和良好的国际环境共同构成了中国—东盟地方跨国合作的动力系统；合作风险、交易升本、现有制度环境、资源禀赋和国家利益等要素可能促使地方政府采取短期利益的行动策略，是地方政府跨国合作的约束条件。⑥ 卢光盛以云南和广西参与区域合作为例，指出中央和地方政府在次区域合作中存在事实上的利益出发点差异。⑦ 王国平、任佳等认为，通过开

---

① ［马来西亚］李志良：《广西在中国—东盟合作中扮演的国际角色：东南亚学者的观点》，载《第七届中国—南亚东南亚智库论坛论文集（国外）》，昆明，2019年6月。

② Margaret Swain, "Looking South: Local Identities and Transnational Linkages in Yunnan", in ohn Fitzgerald, ed., *Rethinking China's Provinces*, London and New York: Routledge, 2002.

③ Joseph Y. S. Cheng, "China-ASEAN Economic Cooperation and the Role of Provinces", *Journal of Contemporary Asia*, Vol. 43, No. 2, 2013.

④ Li Mingjiang, "Local liberalism: China's Provincial Approaches to Relations with Southeast Asia", *Journal of Contemporary China*, Vol. 23, No. 86, 2014.

⑤ Li Mingjiang, "Central-local Interactions in Foreign Affairs", in John A. Donaldson ed., *Assessing the Balance of Power in Central-local Relations in China*, London: Routledge, 2017, p. 210; Peter T. Y. Cheung and James T. H. Tang, "External Relations of China's Province", in David M. Lampton ed., *The Making of Chinese Foreign and Security Policy in the Era of Reform 1978-2000*, California: Stanford University Press, 2011; 转引自杨祥章《我国地方政府参与中国—东盟合作的动力、进程与特点》，《和平与发展》2018年第4期，第109页。

⑥ 胡佳、王开茹：《地方政府跨国合作的动力机制与约束条件——"一带一路"背景下中国—东盟的案例研究》，《地方治理研究》2019年第2期。

⑦ 卢光盛：《地方政府参与区域合作的国际制度分析——以云南、广西为例》，《东南亚南亚研究》2009年第2期。

展与周边南亚东南亚国家的合作，云南实现了在对外开放中的跨越发展。[①] 黄志勇等认为，2003年以来，广西抓住中国—东盟自贸区建设和中国与东盟互利合作不断发展的机遇，构建起"南宁渠道"，形成与东盟全方位合作格局，成为中国与东盟在经贸、外交、文化等多领域交流合作的重要平台。[②] 崔庆波、陶存杰认为，广西与其他东部沿边发达市场具有更便捷的交通网络，进入中国核心市场的便利优势使得广西在对东盟开展贸易的过程中比云南更容易获得周边国家企业的青睐。[③] 陈迪宇认为，云南在中国的GMS外交中起到了动力源、半决策主体、完全执行主体和推动其他地方政府参与GMS的动力体四大重要作用。[④] 刘莎妮提出，云南与中南半岛国家地方政府间合作机制的建立为双边贸易发展提供了便利的交流平台，也推动着中国与东盟国家的经贸合作交流。[⑤] 相关研究对地方参与中国—东盟合作进行了一些探讨，但多聚焦在某个具体领域，在深度、广度和时间跨度上均有提升空间。

（二）国内外研究评析

综上，国内外学者从不同视角出发，对本书涉及的地方参与对外事务、中国—东盟合作及中国各省（区、市）在中国对外关系及其与东盟合作中的作用进行了广泛研究。既有研究呈现出以下三个特征。

一是国外学者对地方参与国际事务的研究通常以联邦政体为主要考察对象。国外学者对地方政府参与国际事务进行了较深入的考察，并提出了在对外关系中关于央地关系的不同理论。但这些研究主要是

[①] 王国平、陈亚山：《新世纪以来云南面向东南亚南亚开放回顾》，《东南亚南亚研究》2012年第1期；任佳、李丽：《云南面向周边国家开放的路径创新》，《南亚东南亚研究》2018年第3期。

[②] 黄志勇等编著：《第三次大开放浪潮——广西实施以开放为主导的跨越式发展战略研究》，广西人民出版社2014年版。

[③] 崔庆波、陶存杰：《云南省与广西沿边开放新优势比较研究》，《东南亚纵横》2015年第5期。

[④] 陈迪宇：《云南省与"大湄公河次区域经济合作机制"——地方政府在中国周边多边外交中的作用》，硕士学位论文，复旦大学，2009年。

[⑤] 刘莎妮：《论地方政府对中国参与东盟区域合作中的支持——以云南省为例》，硕士学位论文，上海师范大学，2013年。

基于联邦制政体国家。中国作为世界上现有的少数几个社会主义制度下的单一制国家之一，具有独特的国情和央地关系。

二是针对中国地方涉外活动的研究较为笼统。国内学者对地方在中国对外事务中的研究主要是从总体对外关系上进行考量，具有普遍性。而中国地方政府在中国—东盟关系中的作用除了受到地方政府参与国际事务的全球性影响和央地关系的制约外，还需要考量中国周边外交政策的演变和中国—东盟关系的发展历程。换而言之，地方参与中国—东盟合作研究，除了地方参与对外关系的普适性特点外，还具有一定的独特性。

三是关于中国地方涉东盟活动研究以经贸和人文为主。尽管学界日益意识到地方政府在国家对外关系中的作用，中国—东盟关系长期以来也是国内外相关领域学者专家关注的重点，但现有国内外研究鲜有将两者相结合来考察中国地方政府在中国—东盟关系中的作用。关于中国—东盟关系的研究中不乏专门考察地方与东盟国家合作的成果，但基本都是从经济和人文合作的角度出发，很少结合国际关系与外交学深入探讨地方政府行为，对府际关系下地方在中国—东盟合作中的研究几乎还是空白。

总体而言，国内外现有的相关研究成果为本书提供了丰富的素材，也留下了继续探究的空间。从上述三个特征可以看出，学界对地方参与中国—东盟合作的既有综合性研究远远落后于其实践的发展，还有待深入。鉴于东盟在中国周边外交中的重要性以及中国国情的特殊性，以府际关系为视角，进一步研究地方对中国—东盟合作的参与兼具学术和现实意义。

三　主要概念阐释

（一）府际关系

府际关系即政府间的关系，包括纵向的中央政府与地方政府间关系（央地关系）、地方各级政府间关系，以及横向的同级地方政府间关系、同级政府部门间关系。① 本书仅考察地方参与中国—东盟合作时中央政府与省级政府间的纵向关系以及省级政府之间的横向关系。

(二) 地方、地方政府与次国家政府

地方政府指相对于中国中央政府而言的各级政府,包括省(自治区、直辖市)、市、县、乡(镇)的四级政府。在"一国两制"制度下,香港和澳门特区政府享有比大陆地方政府更大的自主权,因此本研究未将香港和澳门纳入考察范围。

本书主要考察大陆省级的地方政府(包括其主要涉外部门)对中国—东盟合作的参与,侧重官方行为。"地方""地方政府"和"次国家政府"这两个相似的概念均在本书中出现。为便于行文,文中主要使用"地方"或"各省(区、市)"。在涉及相关理论分析时,会遵从原文,使用"次国家政府"一词。

(三) 东盟

东盟全称东南亚国家联盟(Association of Southeast Asian Nations-ASEAN),成立于1967年8月。东盟最初只有印度尼西亚、马来西亚、菲律宾、新加坡和泰国5个创始国,自20世纪80年代以来,先后接纳文莱(1984年)、越南(1995年)、老挝(1997年)、缅甸(1997年)和柬埔寨(1999年)为成员国。

虽然自东盟成立以来,中国与东盟就存在事实上的联系,但双方直到1991年7月才正式建立对话关系。② 但本书研究的时间范畴为1991年中国与东盟建立对话关系以来,地方对中国—东盟合作的参与。新东盟4国加入东盟的时间晚于1991年,中国与文莱建交、与越南恢复正常双边关系的时间也略晚于中国与东盟建立对话关系的时间,但为便于行文,除文中特别强调之处外,也不再进行单独区分。

---

① 谢庆奎:《中国政府的府际关系研究》,《北京大学学报》(哲学社会科学版) 2000 年第 1 期。
② 中国与东盟十国建交时间分别为:越南(1950年1月建交,20世纪70年代关系恶化,1991年11月复交)、印度尼西亚(1950年4月建交,1967年10月断交,1990年8月复交)、缅甸(1950年6月)、柬埔寨(1958年7月)、老挝(1961年4月)、马来西亚(1974年5月)、菲律宾(1975年6月)、泰国(1975年7月)、新加坡(1990年10月)、文莱(1991年9月)。

四 章节安排

本书力求在吸收国内外相关研究成果的基础上，通过文献收集、实地调研、访谈和案例分析，运用外交学、国际政治经济学等学科知识，以府际关系为视角，分析地方在中国—东盟合作中的参与动因、具体表现、路径和府际互动，探讨地方在中国—东盟合作中的角色，在基于历史实证和当前中国周边外交现状分析的基础上对地方参与中国—东盟合作的发展趋势进行展望。

本书包括绪论、六章正文和结论，共八个部分。

"绪论"是本书的总纲，简述了选题缘由、国内外研究现状、重要概念以及论文总体框架。

第一章回顾了1991年以来地方参与中国—东盟合作的大致历程，在对府际关系和次国家政府多层外交进行分析的基础上，提出地方是"具有一定能动性的中央代理人"的假设，并构建了地方参与中国—东盟合作的基本分析框架。第二、第三、第四章分别从地方参与中国—东盟合作的动因、表现和路径论证地方不仅是中央的代理人，而且具有一定能动性，在参与东盟合作中也有自身的利益考量。第五章探讨了在中国—东盟合作过程中，地方与中央、地方与地方之间的互动，以及纵向和横向的府际互动与地方能动性的相互影响。第六章则对地方参与中国—东盟合作的趋势进行了展望，并对如何更好地发挥地方的能动性及其对中国—东盟合作的促进作用进行了思考。

"结论"部分对本书主要观点进行了归纳，并指出了本研究存在的不足以及未来继续努力的方向。

第 一 章

地方参与中国—东盟合作的分析框架

回顾地方1991年以来参与中国—东盟合作的历程，可以看到地方活跃度的提升，中央政府与地方政府以及不同地方政府间的互动增强。那么，日益活跃的地方在中国—东盟合作中到底扮演着怎样的角色？这种角色的发挥又受到哪些因素的影响？本章将在考察地方参与中国—东盟合作历程的基础上，分析府际关系以及次国家政府理论下多层外交对中国—东盟合作中地方政府与中央政府及地方政府间互动的适用程度，并构建地方参与中国—东盟合作的分析框架。

第一节 地方参与中国—东盟合作的历程

1991年以来，中国各省（区、市）参与中国—东盟合作的历程大致可以划分为三个阶段，即地方初步探索（1991—2003年）、地方能动性提升（2004—2013年）和府际互动加速（2014年以来），与中国—东盟关系发展的历程基本相呼应。在此历程中，地方的能动性增强，地方与中央以及不同地方间的互动越来越明显。

一 地方初步探索（1991—2003年）

从1991年到2003年的12年间，虽然中国—东盟经济合作不断深化，但受历史和国际政治环境的影响，中国和东盟国家间仍然缺乏政治互信，增强政治互信是重中之重。[1] 可以看到，中国与东盟于

---

[1] 参见杨祥章《我国地方政府参与中国—东盟合作的动力、进程与特点》，《和平与发展》2018年第4期，第98页。

2002年11月签署了《中国—东盟全面经济合作框架协议》，决定共同建设自贸区，但又经过数年磋商，分别在2004年11月、2007年1月和2009年8月才相继签署货物贸易协议、服务贸易协议和投资协议。

在本阶段，中国各省（区、市）参与中国—东盟合作的主动性和能动性并不明显，主要是贯彻和落实中央政府对东盟的既定方针和政策。在国家对外开放的总体部署下，1992年，广西和云南在河口、凭祥、畹町、瑞丽等沿边城市相继设立了面向东盟国家的边境经济合作区，但如何全面参与中国—东盟合作，地方尚处于摸索阶段。同年，在中央政府的授权下，云南代表中国参加大湄公河次区域经济合作，成为中国在大湄公河次区域经济合作的唯一主体省，开创了中国一省参与由中国和周边多国参加的区域性合作的历史。

虽然在本阶段地方的能动性表现尚不明朗，但仍需要承认的是，地方在本阶段对参与中国—东盟合作的摸索为后来的主动作为打下了良好的基础，积累了有益的经验。

二 地方能动性提升（2004—2013年）

从2004年到2013年，中国—东盟合作走过了"黄金十年"。本阶段，越来越多的地方加大了参与中国—东盟合作的力度。在执行中央政策的同时，地方能动性开始凸显。云南、广西等邻近东盟的沿边省区结合本地发展和国家对外合作需求，积极提出了一系列倡议，并试图通过使自身规划被中央采纳[1]，来提高在中国—东盟关系中的地位，地方参与中国—东盟合作的格局出现新的变化。

2003年10月，中国时任国务院总理温家宝在第7次中国—东盟领导人会议上倡议，从2004年起每年在广西南宁举办中国—东盟博览会，同期举办中国—东盟商务与投资峰会。广西争取到中国—东盟博览会永久落户南宁是地方参与中国—东盟合作的一个重大标志性事件。2005年，与东盟海陆相连但并不属于澜沧江—湄公河流域的广西争取到参与大湄公河次区域经济合作的机会，打破了云南一省代表

---

[1] 杨祥章：《我国地方政府参与中国—东盟合作的动力、进程与特点》，《和平与发展》2018年第4期，第98页。

中国参加大湄公河次区域经济合作的局面。2008年7月，贵州成功举办首届中国—东盟教育交流周。贵阳也随之成为中国与东盟国家间该盛会的永久举办地。参与中国—东盟合作的省（区、市）从沿海、沿边地区向内陆地区扩大。

在中央和地方的共同推动下，通过双边或多边磋商，西南沿边省区与邻近的东盟国家地方间建立起多个对话合作机制。2004年，云南与老挝和泰国分别建立了云南—老北合作工作组、云南—泰北合作工作组；2007年，首届滇缅经贸合作论坛召开；次年，广西和云南分别与邻近的越南北部多省成立了联合工作会晤机制。其中，广西与高平、谅山、广宁和河江建立了联合工作委员会，云南与河江、老街、莱州和奠边建立联合工作组。2013年，云南和缅甸设立了每年召开一次的滇缅合作论坛。这些对话机制成为地方参与中国—东盟合作的有益平台。

多个地方提出的对东盟合作倡议获得中央的支持。2006年7月，广西提出在既有的环北部湾经济合作的基础上开展涉及广西、广东和海南的泛北部湾经济合作，将原本仅限于中越的环北部湾经济合作扩展到隔海相邻的马来西亚、新加坡、印度尼西亚、菲律宾和文莱等邻近北部湾的东盟国家。在此基础上，广西又提出了由南宁—新加坡经济走廊、泛北部湾经济合作区和大湄公河次区域构成的"一轴两翼"战略，在更大范围内整合资源，推进中国—东盟自贸区建设。[1] 2008年1月，国务院批准了《广西北部湾经济区发展规划》（规划期为2006—2020年），支持"加快推动形成以大湄公河次区域经济合作和泛北部湾经济合作为两翼、以南宁—新加坡经济走廊为中轴的中国—东盟'一轴两翼'区域经济合作新格局"[2]。在此期间，云南学者提出修建中缅油气管道[3]的设想得到云南省政府和中央政府的认可和支持。2009年3月26日，中缅两国签订了《关于建设中缅原油和天然

---

[1] 杨祥章等：《中国—东盟互联互通研究》，社会科学文献出版社2016年版，第37—38页。

[2] 《广西北部湾经济区发展规划》，2008年1月。

[3] 需要指出的是，中缅油气管道属于四国六方共建项目。其中，中缅原油管道由中石油和缅甸国家石油天然气公司共同持股；中缅天然气管道由中石油、缅甸国家石油天然气公司、韩国大宇公司、韩国天然气公司、印度石油天然气里海勘探生产公司以及印度天然气公司共同持股。

气管道的政府协议》。在中缅两国中央政府的推动下,2010年10月,从云南入境的中缅油气管道正式开工,从愿景走向落实。云南在中缅关系和中国与东盟能源合作中的地位进一步提升。

此外,广西和云南在2005—2012年间提出建设广西凭祥—越南同登跨境经济合作区、广西龙邦—越南茶岭跨境经济合作区、云南河口—越南老街跨境经济合作区、广西东兴—越南芒街跨境经济合作区、云南磨憨—老挝磨丁跨境经济合作区和云南瑞丽—缅甸木姐跨境经济合作区,并与东盟国家相关地方在一定程度上达成了共识。这6个设想中的跨境经济合作区中有4个面向越南,存在一定的同质竞争。但这些跨境经济合作区建设的倡议还停留在地方层面,未得到中央的正式认可。

三 府际互动加速(2014年至今)

2013年秋以来,中国提出了"一带一路"倡议和构建中国—东盟命运共同体设想,并得到东盟国家的积极响应,中国—东盟关系的发展进入新的历史阶段,与中国的周边和全球发展规划更加紧密地融合在一起。地方对中国—东盟合作的参与也被赋予了更为重要的历史使命。随着各省(区、市)对中国—东盟合作的参与越来越活跃,[①]地方与中央、地方与地方之间的互动越来越频繁。中央政府也更加注重调动地方参与中国—东盟合作的积极性,并加大了对各地的平衡力度。

中央引导地方错位发展,为地方参与对外合作搭建平台,授予地方更多参与中国—东盟合作的先行先试权。2015年3月,中国国家发改委、外交部和商务部联合发布了《推动共建丝绸之路经济带和21世纪海上丝绸之路的愿景与行动》(以下简称《"一带一路"愿景与行动》)。这也是中国当前对外开放最重要的规划。该文件用专门的章节明确了各地方开放态势,其中多个省区涉及与东盟的合作。文件提出,要"发挥广西与东盟国家陆海相邻的独特优势,加快北部湾经济区和珠江—西江经济带开放发展,构建面向东盟区域的国际通

---

① 杨祥章:《我国地方政府参与中国—东盟合作的动力、进程与特点》,《和平与发展》2018年第4期,第99页。

道，打造西南、中南地区开放发展新的战略支点，形成21世纪海上丝绸之路与丝绸之路经济带有机衔接的重要门户。发挥云南区位优势，推进与周边国家的国际运输通道建设，打造大湄公河次区域经济合作新高地，建设成为面向南亚、东南亚的辐射中心"，"支持福建建设21世纪海上丝绸之路核心区"。① "一带一路"倡议将各地的对外开放融合到一个大的框架中。② 通过对不同省（区、市）在对外开放中的角色进行定位，中央政府在赋予地方新历史使命的同时，力图将地方与东盟的合作更好地纳入国家总体规划，减少地方之间的不良竞争。2016年以来，外交部与多个地方政府共同举办省（区、市）全球推介活动，让世界更好地了解中国不同地方的风土人情和对外合作的意愿。2019年8月2日，国务院批复同意了山东、江苏、广西、河北、云南和黑龙江6省提出新设自由贸易试验区的请示③；26日，国务院印发了6个新设自由贸易试验区的总体建设方案。广西自由贸易试验区和云南自由贸易试验区均将东盟列为主要合作对象。根据建设方案，广西要打造对东盟合作先行先试示范区和西部陆海联通门户港、建设中国—中南半岛陆路门户；云南要构建连接南亚东南亚的国际开放大通道。④ 从自行申报自由贸易试验区到获得批复同意，广西和云南通过自下而上的努力，得到了中央的授权，为自身参与中国—东盟合作赢得了更大的可作为空间。

地方服务和服从国家对东盟外交的同时，加大了相互间的联动合作。从地方制定的发展规划中可以看出，各个省（区、市）也主动将自身未来的发展融入中国—东盟合作，围绕国家对本地区的定位来谋求新的突破。例如，广东在"十三五"规划中提出要建设海上物流大通道、海上丝绸之路空中走廊和数字海上丝绸之路⑤；福建在

---

① 中国国家发改委、外交部、商务部：《推动共建丝绸之路经济带和21世纪海上丝绸之路的愿景与行动》，2015年3月。
② Tim Summers, "China's 'New Silk Roads': Sub-national Regions and Networks of Global Political Economy", *Third World Quarterly*, Vol. 37, No. 9, 2016, pp. 1631–1632.
③ 《国务院关于同意新设6个自由贸易试验区的批复》，国函〔2019〕72号，2019年8月。
④ 《国务院关于印发6个新设自由贸易实验区总体方案的通知》，国发〔2019〕16号，2019年8月。
⑤ 《广东省国民经济和社会发展第十三个五年规划纲要》，2015年12月。

"十三五"规划中提出要加快建设21世纪海上丝绸之路核心区，打造服务全国、面向世界的21世纪海上丝绸之路核心区战略通道和综合枢纽①；广西在"十三五"规划中提出要建设衔接"一带一路"重要枢纽，打造西南中按钮地区开放发展新的战略支点。②各地联动参与中国—东盟合作的趋势在增强，其中最为典型的就是在重庆、广西两市、区的主导下，多个地方共同推动从中国西部到中南半岛南端新加坡的国际陆海贸易新通道③建设，并成功使其得到中央政府的支持。2017年2月，第一次中新（重庆）战略性互联互通示范项目联合协调理事会提出了南向通道的概念，但并未引起外部的足够关注。同年8月底至9月初，时任新加坡总理公署部长陈振声访问了重庆、广西、贵州等中国多个省（区、市），与当地政府协商共同推进南向通道建设。④ 9月中旬，广西和新加坡单独签署了南向通道建设合作备忘录。2017年9月20日，习近平主席在会晤李显龙总理时提出，希望双方建设好中新（重庆）战略性互联互通示范项目，并在地区层面带动其他国家共同参与国际陆海贸易新通道建设。2018年11月，李克强总理访问新加坡期间，中新两国签署了共建国际陆海贸易新通道建设的谅解备忘录，将其升级为国家间战略合作项目。⑤ 2019年8月，中国国家发改委正式发布了《西部陆海新通道总体规划》，13个省（区、市）被纳入规划范围。

第二节　地方参与对外合作相关理论

地方政府成为国际事务角色之一，为研究国内与国际的联系提供

---

① 《福建省国民经济和社会发展第十三个五年规划纲要》，2016年3月。
② 《广西壮族自治区国民经济和社会发展第十三个五年规划纲要》，2016年2月。
③ "国际陆海贸易新通道"的名称在2018年11月中新两国签署共建国际陆海贸易新通道谅解备忘录后正式确定，该通道此前被称为"南向通道"。为便于行文，除引用和文件名外，正文主要使用"国际陆海贸易新通道"一词。
④ 杨祥章：《南向通道：新加坡参与"一带一路"的新载体？》，《世界知识》2017年第20期，第26页。
⑤ 杨祥章、郑永年：《"一带一路"框架下的国际陆海贸易新通道建设初探》，《南洋问题研究》2019年第1期，第11—12页。

了新的视角。① 如何看待以及更好地理解地方对中国—东盟合作的参与，以及其中地方与中央的纵向互动和地方之间的横向互动呢？国内外现有分析地方涉外活动的相关理论，其中就包括与本研究相关的府际关系和次国家政府外交理论视角下的多层外交。本节拟就府际关系和多层外交对地方参与中国—东盟合作的适用度进行简要分析。

一　府际关系

府际关系是一个从西方引入的概念，其模式受到国家政治体制的影响，可划分为联邦制、单一制、混合制等类型。府际关系最早源于美国联邦制下的府际运作实践，随着中国分权改革的深入，中国的府际关系逐渐受到国内学者的重视。中国国内最初对府际关系的关注主要是中央与地方关系，随着地方政府在政治经济中的地位和作用日益提升，地方政府之间的合作与竞争也日益增加，成为中国府际关系不可忽视的部分。② 由于本研究仅考察地方参与中国—东盟合作时的央地关系及省级地方政府间关系，对相关观点的探讨也仅涉及这两对关系。

关于央地关系，有两种主流观点：一种观点认为，研究央地关系的学者基本上都认同，中国是典型的中央集权单一制国家，中央集权是中国中央政府与地方政府关系的根本特征。③ 由于地方政府的权力有赖于中央政府的授权，地方政府对中央政府处于一种隶属、服从和服务的地位。但另一种观点认为，随着中国国内改革和分权的推进，在中央集权之下，地方在经济和社会领域的权力越来越大。市场作为资源配置的方式之后，中央政府开始推行行政体制改革，部分地方政府渐渐具备了与中央政府对话、博弈的实力，在某种程度上形成了中央政府与地方政府双向互动的格局。④ 郑永年提出，中国表面上强大

---

① Andre Lecours, "Paradiplomacy: Reflections on the Foreign Policy and International Relations of Regions", *International Negotiation*, No. 7, 2002, p. 109.
② 吴理财：《中国政府与政治》，华中师范大学出版社2016年版，第106页。
③ 相关文献包括：周平主编：《当代中国地方政府与政治》，北京大学出版社2015年版；谢庆奎：《中国政府的府际关系研究》，《北京大学学报》（哲学社会科学版）2000年第1期；鄢圣华：《中国政府体制》，天津社会科学院出版社2002年版；沈荣华主编：《中国地方政府学》，社会科学文献出版社2006年版。
④ 周平主编：《当代中国地方政府与政治》，北京大学出版社2015年版，第199页。

的国家权力，实际上被许许多多的地方政府所瓜分。地方不仅对本质上属于地方的事务有着处理的权力，而且还能在一定程度上影响到中央的决策。[①] 还有学者认为，随着以分权为特征的经济改革持续深化，中国当前已经是政治单一制和经济联邦主义并存，形成了政治上的中央集权和经济上的地方自治与治理分享的政治—经济关系二元化结构局面。[②] 与此同时，中央政府与地方政府间的竞争是局部利益与整体利益之间的竞争，中国的国家行政体制决定了地方政府在竞争中处于弱势地位。[③] 换而言之，表面上只存在行政隶属关系的中央政府与地方政府之间也存在着事实上的总体利益与局部利益矛盾；尽管地方政府依然需要中央的授权，但分权和政治—经济关系的二元化使地方拥有了向中央政府争取更多授权的资本。

地方政府间同时存在合作与竞争则已经成为学者的共识。改革开放后，地方政府间的府际关系活跃起来，合作主要体现在四个方面：一是为缩小地区差距和发展不平衡开展的横向合作关系，如欠发达地区和发达地区间的合作；二是为维护各自利益而形成的区域联合，如东部和西部因原材料价格而形成各自的团体；三是不同地方政府为促进本地发展自发地联合和协商，如陕西、甘肃、宁夏、青海和新疆的地方领导定期会晤交流；四是中央政府授权或由中央政府出面组织的地方政府联合，如长三角经济合作、泛珠三角"9+2"区域合作。[④] 与此同时，中国地方政府间的竞争越来越趋白热化，争夺政治资源、经济资源和社会资源。地方政府间的竞争可以分为对抗的竞争、差异化的竞争以及合作的竞争。同质发展容易导致对抗竞争；通过资源整合来获得竞争优势则会出现合作的竞争。[⑤]

此外，中央政府与地方政府间的关系也影响着不同地方间的关

[①] 郑永年：《中国模式：经验与困局》，浙江出版联合集团、浙江人民出版社2010年版，第126—128页。

[②] 杨光斌：《中国政治认识论》，中国社会科学出版社2018年版，第299—313页。

[③] 孙宛永：《全球化时代的政府竞争》，《广东省社会主义学院学报》2003年第4期，第56—57页。

[④] 参见谢庆奎《中国政府的府际关系研究》，《北京大学学报》（哲学社会科学版）2000年第1期，第32—33页；沈荣华主编《中国地方政府学》，社会科学文献出版社2006年版，第187页。

[⑤] 刘亚平：《当代中国地方政府间竞争》，社会科学文献出版社2007年版，第85页。

系。纵向的政府互动对于地方政府间的横向竞争结构有着极其重要甚至是决定性的影响。一般来说，地方政府从中央政府手中争得的利益、权限或政策空间越大，其在与同级政府的横向竞争中就越有可能取得优势地位。[①] 同时，地方政府之间的竞争，带来的效应，可能是积极的，也可能是消极的。地方政府间的竞争被认为是中国经济增长的重要力量源泉。[②] 简而言之，中央政府在地方政府竞争中能够发挥很大作用，可以引导地方政府往良性竞争的方向发展。

综上，府际关系实际上是政府之间的权力和利益配置关系。中国中央政府与地方政府之间的关系表现为集权和分权，涉及国家总体利益和具体地方局部利益的配置；而地方政府之间关系则主要涉及中央在不同地方对利益的分配。在地方寻求权力和利益最大化的过程中，出现了地方向中央政府争取更多授权，以及地方政府间的合作与竞争。

然而，既有对中国府际关系的探讨，主要是局限于考察不同政府在国内的行为表现。那么随着地方涉外活动的增多和国际化水平的提升，在对外合作中，中央政府和地方政府间、不同地方政府之间又有着怎样的互动？外交是内政的延续，关于中国国内府际互动的考察结果是否也适用于其对外合作？更具体一点，在中国—东盟合作中，中央政府与地方政府以及地方政府之间是否也同时存在合作与利益矛盾呢？

二　多层外交

20世纪80年代中期，美国学者伊沃·杜切克提出了次国家政府外交的概念。[③] 根据对地方政府涉外活动与国家总体外交关系的差异，次国家政府外交被划分为平行外交与多层外交。次国家政府外交的创始人伊沃·杜切克是平行外交观念的支持者。平行外交认为地方政府的涉外行为独立于国家的总体外交，并不适用于中国地方参与对

---

　　① 孙亚忠：《政府竞争论》，南京大学出版社2011年版，第97页。
　　② 唐志军：《地方政府竞争与中国经济增长：对中国之"谜"中的若干谜现象的解释》，中国经济出版社2011年版。
　　③ Ivo D. Duchacek, *The Territorial Dimension of Politics: Within, Among, and Across Nation*, London: Westview Press, 1986.

外合作，本书对平行外交不再详细叙述。

　　白里安·豪京是多层外交的倡导者。他认为，地方活动和利益的国际化、外交政策的地方化造就了中央政府与地方政府共同参与对外事务的多层外交。① 他以加拿大和美国的自贸区协商、美国对英国征收关税以及加拿大和美国地方政府在环境问题上的互动对多层外交进行了证实。他同时指出，地方政府与中央政府的对外活动是相互联系的，虽然两者之间可能存在利益冲突。总体而言，多层外交最主要的特点在于强调地方在国家对外事务中的重要性。

　　以西方国家为考察对象得出的多层外交是否适用于中国地方政府的对外活动呢？有学者认为，日趋活跃的地方国际行为表明，中国对外关系已经呈现多层次运转的特点。地方国际行为的增加说明全球化背景下中国对外关系的政治结构与层次发生了令人深思的变化，即在中国对外关系的政治结构与层次中，地方成为一个重要环节，进入国家外交的政治过程。② 也有学者认为，由于多层外交过度抬高了地方参与国际交往的能动性及其影响，它并不适用于解释中国的地方行为体参与外交。③ 多层外交可以用来衡量中国地方积极参与对外事务的部分现象，但不足以解释中国地方总体的涉外活动。

　　在当前中国政治体制中，一切政治权力的源头都是中央政府。所有权力从理论上说都属于中央政府，地方即使有权，但中央政府随时都可以把权力收回。④ 多层外交看到了地方在对外关系中的作用，但基于西方案例的多层外交忽视了在中国单一制的国情下，中央政府对地方政府涉外活动具有绝对的主导和监管权。同时，多层外交对不同地方政府间在对外合作中的横向互动没有足够关注。在中国对外关系中，鉴于政治安全的敏感性，中央政府在该领域的合作中处于垄断地

---

① Brian Hocking, *Localizing Foreign Policy: Non-central Governments and Multilayered Diplomacy*, London: The MacMillan Press Limited, 1993.
② 苏长和：《中国地方的国际化》，载王逸舟主编《中国对外关系转型30年（1978—2008）》，社会科学文献出版社2008年版，第257页；苏长和：《国际化与地方的全球联系——中国地方的国际化研究（1978—2008年）》，《世界经济与政治》2008年第11期，第32页。
③ 张春：《地方参与中非合作研究》，上海人民出版社2015年版，第56—57页。
④ 郑永年：《中国的"行为联邦制"：央地关系的变革与动力》，邱道隆译，东方出版社2013年版；郑永年：《中国模式：经验与困局》，浙江出版联合集团、浙江人民出版社2010年版，第114、116页。

位，在经济和人文领域，地方的参与积极性非常高。在中央的授权和鼓励下，地方政府以多种形式参与到中国与其他国家的经济和人文合作中。

第三节 具有能动性的代理人分析框架

本研究认为，中央政府与地方政府以及地方政府间在国内政治、经济和社会领域的互动，部分延续到了地方对中国—东盟合作的参与上，在中国—东盟对外合作的经济、文化领域，地方发挥着越来越重要的作用。在中国—东盟合作中，地方是具有一定能动性的中央代理人，其能动性的发挥受到来自中央、本地及其他省区不同因素的影响。

一 地方角色的定位

在综合府际关系、多层外交和地方参与中国—东盟合作现实的基础上，本书提出在中国—东盟合作中，地方是具有一定能动性的中央代理人。地方不仅服务于国家利益，也服务于地方发展。其本质是中央的代理人，但具有能动性特征，这是地方在中国—东盟合作中所扮演角色的双重属性。中国的各个省（区、市）都在一定程度上参与到中国—东盟合作中，所以能动性代理人并不是单一个体，而是一个群体。从能动性中央代理人的视角出发，可以对地方参与中国—东盟合作有更全面的认识。

中国的集权单一制决定了地方政府在对外合作中是中央政府的代理人，其行为需要得到中央政府的授权。作为中央代理人，地方是中国周边外交政策的执行者和中国—东盟合作的落实者。同时，作为地方利益的代表，地方政府自身的诉求是其能动性的根源。地方不再仅限于获得中央授权后按照中央部署去行事，而是积极提出地方方案，主动向上争取中央授权。因此，地方的身影出现在中国—东盟政治安全、经济和人文等各个具体合作领域。在全球化和区域经济一体化的大背景下，地方参与中国—东盟合作同时受到来自中央和地方的双向驱动；其参与路径也是双向的，既有自上而下的被动落实，也有自下而上的创造性举措。

正统的外交已赋予中央政府对于外交的绝对控制，但是随着地方在全球联系中地位的上升，从国家大外交角度看，地方在国家外交中的经济与社会功能可能呈日益扩大的趋势。[1] 鉴于政治安全的高度敏感性和中央的垄断性，地方对中国—东盟政治安全合作的参与基本是在贯彻落实中央政府的政策。而对地方发展而言，与东盟开展经济合作是重中之重。因此，在经济和人文领域，中央对地方的授权更多，地方的能动性也越来越明显，并试图使经济合作领域的地方设想得到中央政府采纳。总体上看，随着东盟在中国周边外交中重要性的上升，中央政府与地方政府对与东盟合作的需求出现双重上涨，在中央引导和地方需求的激励下，地方参与中国—东盟合作的积极性也在提升。

二 地方能动性的府际映射

地方能动性与府际关系是一对相互影响的变量。地方能动性的发挥受到来自中央、地方纵向和横向府际互动过程和结果的影响；地方能动性又在一定程度上影响到中央与地方、地方与地方之间的互动是走向利益分歧还是通往合作。

首先，中央赋予的权限是影响地方能动性发挥的最主要因素。中央在不同领域对地方的授权不同，授权大的领域，地方的能动性相对要大；授权小的领域，地方的能动性相对较小。其次，东盟在中国总体外交中的地位、地方在国家对东盟合作中的作用是中央政府考量是否对地方授权以及授权程度的重要指标。东盟对地方发展的重要性是影响地方参与中国—东盟合作能动性的主要内部因素。对中国—东盟合作越依赖的省（区、市），参与中国—东盟合作的积极性越高，能动性越强，越会努力向中央争取更多扶持政策（见表1-1）。此外，地方的综合实力，包括经济发展水平、与东盟既有合作基础、地方领导人执政能力等，与地方能动性呈正向关系。最后，在各地竞相参与中国—东盟合作的现状下，中央需要在各地间维持相对平衡，因此地

---

[1] 苏长和：《中国地方的国际化》，载王逸舟主编《中国对外关系转型30年（1978—2008）》，社会科学文献出版社2008年版，第257页。

方之间是竞争还是合作，也是影响地方能动性发挥的重要外部变量。

表1-1　　　　　　　　　影响地方能动性发挥的因素

变量	影响路径
中央政府	通过是否授权激励或打击地方的能动性。
地方政府	本地发展对参与中国—东盟合作的依赖度； 本地经济发展水平； 本地与东盟的既有合作基础； 地方领导人的执政能力。
地方间合作或竞争	竞争或合作可增强或削弱中央政府的授权可能性。

资料来源：笔者自制。

地方的中央代理人性质，使其在与东盟的合作中被冠上了"国家的名义"，其行为对中国—东盟关系产生了深远的影响。地方的能动性一方面促进了中国—东盟合作向纵深发展，另一方面也带来了地方局部利益与国家整体利益的矛盾，以及地方政府之间的利益博弈。鉴于地方是中央在中国—东盟合作中具有一定能动性的代理人，不同的代理人在代表国家利益的同时也代表着不同地方的利益，地方的能动性大小同时受到中央授权、地方需求以及地方间关系的影响，中央政府与地方政府以及地方政府之间的互动及其结果就成了代理人在中国—东盟合作中表现的重要影响因素。事实上，在既定的中国—东盟合作中，作为代理人的地方政府与被代理人中央政府之间，代表不同地方利益的各个代理人之间，同时以多种方式进行不同程度的互动，既有合作，也有利益的不一致。从这个角度看，国内的府际间关系已经延续到对外合作中。

地方政府与中央政府间的互动以合作为主。地方与中央的合作首先表现为在中央的授权下，贯彻中央对东盟的各种政策方针，从维护中国—东盟关系的大局中受益，实现国家总体利益与地方利益的共赢；其次，中央政府鼓励地方政府开展先行先试，探索对外合作的新模式、新路径，同时提供政策支持。地方政府与中央政府的另一种互动体现在两方面：一是地方政府为追求本地利益最大化而选择在具体执行时偏离中央政策；二是地方政府在中央并未授权的具体事务上，发挥主观能动性，提出有利于自身的对东盟合作规划或项目，再向中央争取支持和授权。第二种情况有两种结果：一是中央政府完全或部分认可地方的提议，并授权地方；二是中央政府否决地方的提议。在第一种中央政府接受地方倡议的结果下，地方政府与中央政府间又转向事实上的合作。

地方之间的合作表现为联合起来，争取中央更多政策支持或授权，提高在参与中国—东盟合作时的竞争力（不一定有潜在第三方地方政府为竞争对手）。地方政府之间的竞争主要表现为向中央政府争取对本地的资源和政策倾斜，这样的竞争往往发生在与东盟开展合作时具有相似条件的省（区、市）之间。从中可以看到，在地方间的合作与竞争中，掌握对外合作权力的中央都是一个关键因素，有能力决定地方间的合作和竞争走向（见图1-1）。

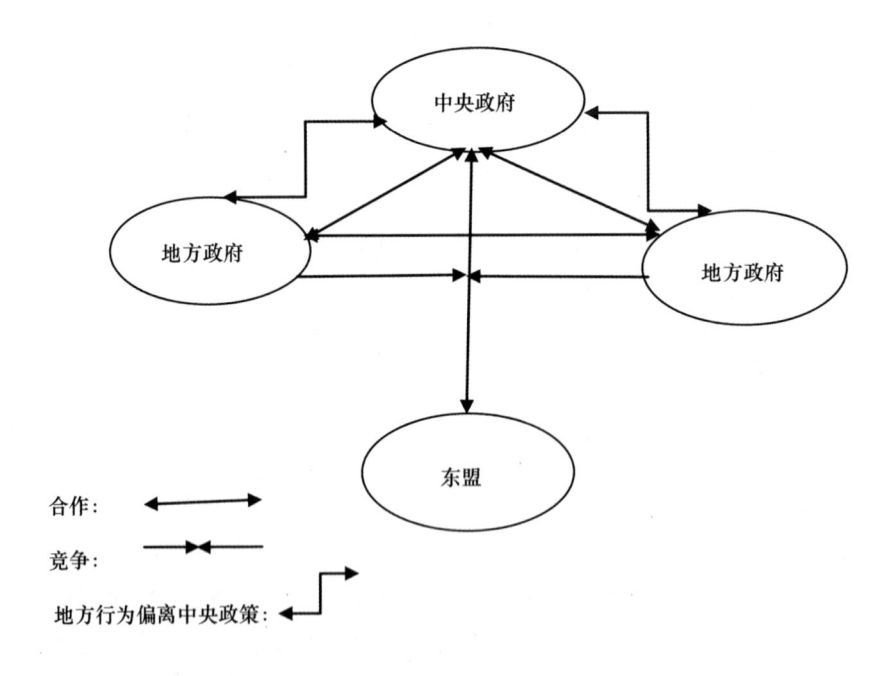

图1-1 地方参与中国—东盟合作的府际互动示意

资料来源：笔者自制。

本章小结

东盟是中国重要的周边合作伙伴。自1991年中国与东盟建立对话关系以来，中国各省（区、市）积极参与中国—东盟合作，并大致经历了初步探索、地方能动性提升和府际互动加速三个阶段。在此历程中，地方的参与积极性不断提升，地方与中央之间、不同地方间的互动日益频繁。

地方在中国—东盟合作中扮演着具有一定能动性的代理人角色。中国的中央集权单一制决定了地方在国内和国际上都处于中央代理人的地位。但地方同时也是有别于中央总体利益的地方性利益的代表者，地方利益成为其能动性产生的根源。地方角色的双重属性体现在地方参与中国—东盟合作表现、动因、路径以及地方与中央、地方与地方间的互动上。

关于国内府际关系中合作与利益矛盾并存的观察一定程度上也适用于地方对中国—东盟合作的参与。在接下来的章节中，我们将看到，地方活跃在中国—东盟政治、经济、人文合作的各个领域，由于其代理人和能动性的双重属性，地方参与中国—东盟合作的过程伴随着地方与中央协力、地方对中央政策偏离，以及不同地方间的合作与博弈，从而对中国—东盟关系的发展产生了具有正负双面性质的深远影响。

第 二 章

地方参与中国—东盟合作的动因

地方普遍、广泛和深刻参与对外关系已经成为改革开放以来，特别是 21 世纪以来中国对外关系、对外交往中新的突出现象。[1] 在中国—东盟合作中，也随处可见地方参与的身影。地方积极参与中国—东盟合作具有多重动因，是经济全球化加速、中国中央政府鼓励引导以及地方发展需求共同作用的结果。需要指出的是，在不同时期，这些因素对地方参与中国—东盟合作的影响程度也有所不同。总体而言，地方发展需求对地方参与中国—东盟合作的推动作用越来越大。[2]

第一节 国际层面因素

地方政府参与国际合作的进程伴随着中国融入全球化的过程同时发生。与此相适应，中国对外关系的政治结构与层次也发生了令人深思的变化，地方成为国家外交政治过程的一个重要环节。[3] 中国—东盟关系自 1991 年来出现跨越式发展，中国—东盟合作自然也成为中

---

[1] 张鹏:《中国对外关系展开中的地方参与研究》，上海世纪出版集团 2015 年版，第 222 页。
[2] 杨祥章:《我国地方政府参与中国—东盟合作的动力、进程与特点》，《和平与发展》2018 年第 4 期，第 95 页。
[3] 苏长和:《国际化与地方的全球联系——中国地方的国际化研究（1978—2008 年）》，《世界经济与政治》2008 年第 11 期，第 32 页。

国各省（区、市）参与对外事务的主要舞台。①

一 经济全球化加速

进入 20 世纪后，随着科技的进步和人类活动范围的扩大，各国间的相互联系日益密切。20 世纪 90 年代以来，经济全球化和区域经济一体化加速，世界成为一个你中有我、我中有你的地球村。自 1978 年开始改革开放以来，中国通过"引进来"与"走出去"积极加入经济全球化和区域经济一体化浪潮中，成为经济全球化和区域经济一体化的参与者、支持者、受益者和贡献者。在此过程中，中国各省（区、市）对国际经济合作的参与程度持续加深，参与领域不断扩大。

（一）中国融入经济全球化

1978 年中国开始实施改革开放政策，加入了全球化的潮流之中。经济对外开放同时也带动了中国国内的经济改革，中央政府将管理外贸、批准外商投资项目及控制硬通货的权力下放给了地方官员。② 中国巨大的国内市场和丰富的劳动力在改革开放初期吸引了大量的外来投资，率先开放的东部沿海城市成为"引进来"企业的主要落户地区。新加坡的资金、技术以及发展经验对中国改革开放初期产生了积极影响。2000 年，中国明确提出"走出去"战略，鼓励中资企业到境外开展商务活动。2001 年 12 月，在历经 15 年的艰辛谈判后，中国正式加入世贸组织，加快了融入经济全球化的步伐。中国中央政府的对外开放政策以及"先后与 180 多个国家和国际组织建立外交关系，与多个国家和地区签订自由贸易协定、投资保护协定、战略伙伴关系、货币互换协议等中央政府的经济外交，为地方政府经济外交提供了路线、方针和政策，为后者发挥作用、促进经济发展奠定了基础"③。因此，地方的国际化伴随着中国融入全球化同步发生。

---

① 杨祥章：《我国地方政府参与中国—东盟合作的动力、进程与特点》，《和平与发展》2018 年第 4 期，第 96 页。

② 谢淑丽（Susan Shrik）：《国际化与中国的经济改革》，载［美］罗伯特·基欧汉、海伦·米尔纳主编《国际化与国内政治》，姜鹏、董素华译，北京大学出版社 2003 年版，第 212 页。

③ 崔绍忠、刘曙光：《中央政府和地方政府的经济外交职能及其关系》，《外交评论》2012 年第 3 期，第 52 页。

实践证明，对外开放是推动中国经济社会发展的重要动力，只有坚持对外开放，顺应经济全球化潮流，才能更好地实现可持续发展。经过 40 年的改革开放，中国经济正在实现从引进来到引进来和走出去并重的重大转变，已经出现了市场、资源能源、投资"三头"对外深度融合的新格局。① 邻近的东盟国家，是中国融入经济全球化的重要合作伙伴，是中国"引进来"的资源和技术来源国，也是中国企业"走出去"的重要目的地。

在中国融入全球化的过程中，地方的国际化也日益加强，并重新审视自身的定位，以更开阔的视野，从区域一体化和经济全球化的大格局中寻找新的发展机遇。例如，曾经被视为地处中国西南边缘的云南，利用衔接中国广大内陆与南亚、东南亚的优势，将自身定位为中国与南亚、东南亚合作的枢纽和媒介，为深化自身以及中国与相关国家合作而孜孜不倦地努力。② 在其"十三五"规划中，云南把自身置于"一带一路"、中国—中南半岛经济走廊、孟中印缅经济走廊和长江经济带等国家发展战略布局的中间地带，提出要发挥作为中国与南亚东南亚双向开放重要门户的作用，提升服务内陆省（区、市）走向南亚东南亚的能力水平。

虽然中国是经济全球化中的后来者，但通过积极对外开放、融入经济全球化，已成为全球第二大经济体。在"逆全球化"和保护主义有所抬头的新时期，中国依然会是经济全球化和区域经济一体化的坚定拥护者和推动者。未来，中国的各省（区、市）也将继续扩大对外开放，提升自身的国际化水平。

（二）东亚区域合作的发展

中国和东盟国家都地处东亚，是东亚区域合作的重要推动力量。东亚合作的发展也为中国—东盟合作带来了更大的历史机遇。

冷战结束后，东亚国家间的意识形态对抗弱化，开展区域经济合作的条件日渐成熟。与此同时，欧盟经济一体化进展迅速，北美地区经济一体化的发展也较为顺利，这为它们奠定了在未来世界经济格局

---

① 中共中央宣传部：《习近平新时代中国特色社会主义思想三十讲》，学习出版社 2018 年版，第 149—150 页。

② 参见 Tim Summers, "(Re) Positioning Yunnan: Regional and Nation in Contemporary Provincial Narratives", *Journal of Contemporary China*, Vol. 21, No. 75, 2012, pp. 445 – 459.

中的主要地位。对于东亚各国来说，它们要想规避经济全球化所带来的风险并有效应对欧盟和北美经济一体化快速发展带来的挑战，就必须形成和发展本地区的经济合作框架与机制。[①] 20 世纪 90 年代中期以后，国际政治形势发生了巨大变化，世界地缘政治经济结构开启了其重新组合的进程。中国在经济崛起之后为了避免与该地区国家发生直接冲突，寻求新的地缘发展战略；而东盟在加强地区内部各国关系的同时，努力以"东盟为中心"的方式处理与域外国家，特别是域外大国之间的关系。[②]

1997 年的金融危机是推动东亚合作制度的加速器。1997 年 12 月，东盟 9 国（当时柬埔寨尚未加入）在吉隆坡召开纪念东盟成立 30 周年的大会邀请了中国、日本、韩国参加，共商应对策略和区域合作大计。东亚历史上首次召开的 12 国领导人非正式会议演变成开展区域经济合作的中心会议，开始了东亚区域合作制度化建设的第一步。[③] 从 1997 年以来的东亚地区合作历程看，东亚地区合作基本方式是以东盟为基点，向外辐射，形成了若干组合作轴，衍生出东亚地区合作特有的"多轴多辅"型合作模式，体现了开放性和包容性，也符合东亚地区的差异性、多样性和发展性特点。[④] 中国积极参与东亚地区合作，并支持东盟在东亚地区合作中的主导地位。在东盟与中日韩共同建立的"10＋1"和"10＋3"合作机制下，东亚区域合作加速。1999 年在马尼拉召开的"10＋3"首脑非正式会晤通过了《东亚合作联合声明》。

虽然由于各种原因，东亚地区合作并不如预期，但总体上取得较大进展，并有益于中国和东盟之间的合作。东亚地区合作带动的次区

---

① 李玉敏、王光厚：《论区域合作与中国的和平发展》，《理论探讨》2007 年第 5 期，第 15 页；于建忠、范祚军：《东盟共同体与中国—东盟关系研究》，人民出版社 2018 年版，第 107 页。

② 王正毅：《边缘地带发展论：世界体系与东南亚的发展》（第 2 版），上海人民出版社 2018 年版，第 57 页。

③ 全毅：《东亚区域合作的模式》，载张蕴岭、沈铭辉主编《东亚、亚太区域合作与利益博弈》，经济管理出版社 2010 年版，第 7 页；全毅：《东亚区域合作的模式与路径选择》，《和平与发展》2010 年第 3 期，第 52 页。

④ 全毅：《东亚区域合作的模式与路径选择》，《和平与发展》2010 年第 3 期，第 55 页。

域合作则直接推动了地方参与中国—东盟合作。1992年，在亚行的支持下，中国与柬埔寨、老挝、缅甸、泰国和越南开启了大湄公河次区域（GMS）经济合作，云南和广西先后获得中央授权参与其中。GMS合作机制为云南和广西参与中国—东盟合作提供了重要平台。有学者甚至认为，云南参与GMS合作的成功进一步鼓励了周边省份去寻求参与国际合作。[1]

二　中国—东盟关系升级

中国—东盟关系走过了从消除疑虑、开展对话、增进互信到最终建立战略伙伴关系的不平凡历程[2]（参见附录表1"中国—东盟关系大事记"）。总体上看，20世纪60年代中期到70年代，东盟和中国处于敌视和对抗期，70年代中期到80年代末，随着中美关系的缓和、中国重返国际社会、苏越集团在东南亚的扩张以及中国和东盟国家内部形势的变化，中国和东盟开始捐弃前嫌，冷战结束和1997年的东南亚金融危机为中国和东盟创造了机遇。[3] 在双方的共同努力下，中国与东盟的政治互信和经贸合作迅速发展，从对话伙伴成为面向和平与繁荣的战略伙伴，并致力于携手共建命运共同体。随着中国—东盟关系的密切，地方对中国—东盟合作的参与也日益活跃。

（一）建立对话关系

虽然自东盟成立以来，中国与东盟就存在事实上的联系，但双方直到1991年7月才正式建立对话关系。[4] 随着亚太地区区域环境趋于良好，以及中国和东南亚各国力求加强彼此间关系的共同愿望，为中国—东盟双边的友好往来提供了有利的条件。为了实现双边关系的健康发展，中国与东盟各成员国努力解决了许多历史上遗留下来的问

---

[1]　[马来西亚]李志良：《广西在中国—东盟合作中扮演的国际角色：东南亚学者的观点》，载《第七届中国—南亚东南亚智库论坛论文集（国外）》，昆明，2019年6月，第84页。

[2]　古小松主编：《中国与东盟交通合作战略构想：打造广西海陆空枢纽研究》，社会科学文献出版社2010年版，第26页。

[3]　陈乔之等：《冷战后东盟国家对华政策研究》，中国社会科学出版社2001年版，第8—58页。

[4]　中国与文莱建交时间为1991年9月；与越南1950年1月建交，20世纪70年代关系恶化，1991年11月恢复外交关系。

题，逐步实现了双边关系的正常化。① 从互为陌路到携手向前，中国与东盟整整花了 24 年。

1967 年 8 月，东盟在曼谷成立。由于意识形态的分歧，双方没有政治往来。1978 年 11 月，邓小平访问了东盟创始国泰国、马来西亚和新加坡。这是中国领导人对东盟国家的首次访问。他从中国长远的战略出发，提出了新时期中国对东南亚地区尤其是对东盟的睦邻友好政策。其内容主要包括：从国家利益出发处理国与国之间的关系，不以意识形态的异同来定亲疏；全面开放，与由发展中国家组成的东盟建立经济合作关系。② 另外，随着中美关系的正常化和中日关系的回暖，东盟国家也开始重新认识中国，对中国的态度逐步出现转变。从 20 世纪 70 年代末开始，中国与东盟的经贸合作不断扩大，但依然没有建立正式的双边外交关系。80 年代末和 90 年代初发生的一系列重大事件促使中国—东盟关系朝着健康的方向迅速发展。苏联解体，美苏对抗结束。东盟和中国在国际和地区事务中的共同语言越来越多，希望加强合作，共同为本区域的和平、稳定与繁荣做出贡献。③ 1991 年 7 月 24 日，中国时任外交部长钱其琛应邀参加在马来西亚吉隆坡举办的第 24 届东盟外长会议，中国和东盟正式建立了对话关系。此后，中国—东盟关系走上发展快车道。

（二）成为面向和平与繁荣的战略伙伴

对中国和东盟而言，双边关系的发展兼具政治意义和经济意义。共同成功处理特定重大危机事件往往是双边关系的有效发展助推器。改革开放后中国经济迅速发展带来了"中国威胁论"，为打消东盟对中国经济快速增长的担忧、消除"中国威胁论"并提升与东盟的整体关系，中国在 1997 年的东南亚金融危机中坚持人民币不贬值。④ 1997 年的东南亚金融危机见证了中国践行睦邻友好外交政策的坚定

---

① 于建忠、范祚军：《东盟共同体与中国—东盟关系研究》，人民出版社 2018 年版，第 97 页。

② 马嬛：《从中国—东南亚关系的发展看中国睦邻友好政策的演进》，《太平洋学报》2011 年第 10 期，第 37—38 页。

③ 曹云华：《东南亚的区域合作》，华南理工大学出版社 1995 年版，第 272 页。

④ John Wong, "China-ASEAN Relations: An Economic Perspective", John Wong, Zou Keyuan, Zeng Huaqun eds., *China-ASEAN Relations: Economic and Legal Dimensions*, Singapore: World Scientific, 2006.

决心，成为中国—东盟关系提质升级的契机。中国在金融危机中坚持人民币不贬值，帮助东盟减轻了金融危机给经济和社会发展带来的重创。这次金融危机不仅改变了东盟与中国的政治关系，而且也使中国与东南亚在经济合作上进入了一个新阶段。[①] 中国—东盟自贸区和中国—东盟面向和平与繁荣的战略伙伴关系应运而生。

随着地缘经济日益超越地缘政治成为双方战略考虑的重心，东盟和中国共同关心经济发展，顺应地区主义的潮流。作为双方经济合作的最重要的内容，中国—东盟自由贸易区的建设也有着各自的地缘经济战略的考虑。[②] 建设自贸区符合中国和东盟的共同利益。因此，2000年11月，时任国务院总理朱镕基首次提出了建立中国—东盟自贸区的构想，并得到了东盟国家领导人的积极回应。2002年11月，中国与东盟签署了《中国—东盟全面经济合作框架协议》，开启了自贸区建设进程。2003年10月，中国加入《东南亚友好合作条约》，并与东盟建立了面向和平与繁荣的战略伙伴关系。由于东盟大多数国家是与中国毗邻的小国，对中国的崛起感到不安和担忧，中国入约的举措，化解了东盟一些成员国对中国的疑虑。[③] 自此，中国和东盟迎来了共建自贸区与面向和平与繁荣的战略伙伴关系的合作新阶段。

（三）携手共建命运共同体

2003年以来，虽然中国—东盟关系因中国与部分东盟国家之间存在南海主权争端和域外大国的干预而时有波动，但总体向好。中国与东盟在政治安全、经济、人文等各方面的合作不断取得新的进展，也为地方参与中国—东盟合作创造了良好的条件。

政治安全方面，双边政治互信不断增强，并致力于建设中国—东盟命运共同体。2013年10月，习近平主席在访问印度尼西亚时提出与东盟国家共同构建"21世纪海上丝绸之路"，携手建设中国—东盟命运共同体，使双方成为兴衰相伴、安危与共、同舟共济的好邻居、好朋友和好伙伴。中国和东盟共同制定了2030年战略伙伴关系愿景

[①] 王正毅：《边缘地带发展论：世界体系与东南亚的发展》（第2版），上海人民出版社2018年版，第58页。

[②] 卢光盛：《地区主义与东盟经济合作》，上海辞书出版社2008年版，第168页。

[③] 熊孝梅、叶润青：《和平共处五项原则对于加强中国与东盟合作的意义》，载李富强主编《中国与东盟合作史研究·政治卷》，民族出版社2007年版，第53页。

蓝图。中国积极参与东盟牵头创立的"东盟地区论坛""东盟防长论坛"和"东盟海事论坛",并在"10+1""10+3"等框架下加强与东盟的安全合作。2018年8月,在新加坡举办第25届东盟地区论坛外长会期间,中国和东盟国家围绕"南海行为准则"单一磋商文本草案达成共识。

经济方面,中国—东盟互为重要经贸合作伙伴,自贸区建成并完成升级谈判,双边市场进一步开放,经贸壁垒不断减少,合作空间持续扩大。2010年1月,中国—东盟自贸区按期全面建成。为进一步释放自贸区带来的红利,中国和东盟启动了对自贸区的升级谈判,并于2015年11月完成了升级谈判。北京大学对"一带一路"沿线63个国家与中国的五通指数进行了专题研究。研究结果表明,贸易畅通排名前4位的都是东盟国家,分别为新加坡、印度尼西亚、马来西亚和泰国;资金融通排名前5位有4个东盟国家,分别为新加坡(排名第1)、泰国(排名第2)、马来西亚(排名第4)和印度尼西亚(排名第5)[1]。这也在一定程度上体现了中国与东盟经贸合作的成效。

人文方面,中国和东盟国家在教育、旅游、科技、文化等领域开展了形式多样、内容丰富的交流与合作,有效促进了双边民众的相互认知和理解。截至2019年6月,中国—东盟教育交流周成功举办了11届,为双边教育合作搭建了多层级的对话平台。中国和东盟将2014年和2017年分别作为文化交流年和旅游合作年。近年来,东盟国家来华留学生数量持续上升,中国成为东盟国家重要的国外旅客来源地。

第二节 国家层面因素

与中央政府相比,地方政府可以更细致和深入地了解和掌握当地信息。随着建交国的增多和国际合作的扩大,中国中央政府需要处理的对外事务日益繁多,需要地方政府参与并提供必要的协助。中央政

---

[1] 数据来源于北京大学"一带一路"五通指数研究课题组:《"一带一路"沿线国家五通指数报告》,经济日报出版社2017年版,第58—64页。

府逐步向地方下放了对外交往的权力,并在多项重要文件中提及,要加强地方的对外交流,夯实国家间关系发展的社会基础。中央的授权和政策引导为地方积极参与中国—东盟合作提供了自上而下的激励。

一 中央对地方授权

在集权单一制的中央—地方关系中,地方权限来自中央政府的授权,地方享有一定的自主权但必须执行中央政府的大政方针。同时,作为"第二次革命"的经济改革给中央—地方关系带来了结构性的变革,过去作为中央"代理人"的地方政府越来越享有利益主体的角色,从而出现了央地在经济关系上以财政权为核心的经济权力的分享与共治。① 在中央对地方的授权下,地方的身影逐步从国内经济社会领域扩大到对外合作中。

中央的授权为地方进一步参与中国—东盟合作提供了可能。作为一个大国,中国的外交若由中央完全承担,客观上会忽略不同区域地缘上的有利因素。中国的地缘政治始终存在一定的不确定性,另外中国特殊而复杂的地理条件使中央政府需要调动地方的积极性。② 改革开放后,中央政府职能的转变和对地方的授权以及地方政府在事权和财权上的扩张,改变了地方政府在整个国家权力结构中的地位和角色,不仅为地方政府登上国际舞台赢得了合法性基础,并使地方政府获得了物质保障和激励机制,在国际交往中实现自身利益的最大化。③ 当然,中央政府对地方政府的授权是渐进和梯度的,主要是在经济领域的放权。在中国与东盟的合作中,中央政府对地方的授权亦是如此。

中央—地方关系的制度性安排的调整对地方国际化产生了重要的激励意义,央地制度和政策的变化,将地方的经济能动性调动起来,地方拥有从事经济活动的强烈动机。④ 改革开放以来,中国的制度性

---

① 杨光斌:《中国政治认识论》,中国社会科学出版社2018年版,第299页。
② 杨勇:《中国多层外交刍议》,《云南行政学院学报》2007年第1期,第66页。
③ 李琳:《央地关系视角下的中国地方政府对外交往》,硕士学位论文,外交学院,2014年,第22页。
④ 王逸舟主编:《中国对外关系转型30年(1978—2008)》,社会科学文献出版社2008年版,第248、257页。

分权和政策性分权为地方政府参与国际合作提供了激励和保障,外贸和融资权的下放,促使地方政府拥有更多的自主权开拓国际合作活动空间。①中央政府将部分经济社会发展职能下放到地方政府后,经济合作、文化交流、环境保护、社会管理等领域的交流合作大大提高了地方国际化程度,地方政府开始逐渐拥有独立的利益目标;在外事领域的部分权限下放,使得地方政府获得了走向国际、获取国际资源的直接动力,进一步加快了地方政府展开国际交往的进程。②例如,1984年,国务院正式规定,边境贸易由有关省、区人民政府管理,实行"五自"方针,即边境小额贸易按照自找货源、自找销路、自行谈判、自行平衡、自负盈亏的原则进行。③中国与东盟建立对话关系后,广西与越南,云南与缅甸、老挝、越南等东盟国家的边境小额贸易额出现明显增长,并长期在广西和云南对外贸易中占据较大比重。据统计,云南1991年的边境贸易总额约为16.4亿美元,1992年已超过22.7亿美元。④2004年,《中华人民共和国对外贸易法》颁布并正式实施,中央政府取消了地方企业参与外贸经营权需得到中央审批的制度。此后,越来越多的地方企业开始参与国际贸易,开展海外投资。与此同时,许多国有企业不再由中央政府或它的机关直接管理,而是由中央和地方政府共同管理,或者只由地方政府管理。⑤国有企业既是地方税收的主要来源,也是"走出去"的先行者和主要力量,成为地方参与中国—东盟经济合作的主力军。

二 对外开放扩大

改革开放以来,中央政府将国家工作的重心转向经济建设,为次

---

① 苏长和:《中国地方政府与次区域合作:动力、行为及机制》,《世界政治经济》2010年第5期,第4、10页。
② 王立军:《论地方政府国际行为的动力来源》,《科学与管理》2011年第6期,第28页。
③ 朱振明:《云南与邻国的边境贸易及其发展》,载朱振明《变动中的东南亚及中国与东南亚关系》,云南民族出版社2014年版,第323页。
④ 数据来源于云南省统计局编:《云南统计年鉴(1993年)》,中国统计出版社1993年版,第531页。
⑤ 郑永年:《中国的"行为联邦制":央地关系的变革与动力》,邱道隆译,东方出版社2013年版,第76页。

国家政府加大参与国际分工的力度，加强国际经济技术合作提供了重要的政策支持。① 从1978年设立深圳、珠海、厦门、汕头4个经济特区，到当前的构建"陆海内外联动、东西双向互济的全面开放新格局"，20世纪70年代末期以来，中国的对外开放从沿海逐步扩大到沿边地区，形成了沿海、沿江、内陆和沿边全方位对外开放的格局。

对于直接与东盟国家有共同陆路边界的广西、云南等省区而言，1992年以来的沿边开放为其参与中国—东盟合作提供了更具体的激励政策。自1992年中央决定加快沿边地区对外开放步伐以来，中国的沿边开放至今已经历了三个重要阶段：沿边开放起步阶段（1992—2007年）、沿边开放提升阶段（2007—2013年）以及经略周边和共建"一带一路"新阶段（2013年以来）。第一个阶段，广西的凭祥、东兴以及云南的瑞丽、畹町、河口被列为沿边对外开放城市；云南和广西相继加入大湄公河次区域经济合作；第二个阶段，国务院相继批准实施《广西北部湾经济区发展规划》（2008年1月）、《关于支持云南省加快建设面向西南开放重要桥头堡的意见》（2011年5月）；第三个阶段，东盟国家是中国"一带一路"建设的重要合作伙伴。② 从中不难看出，在这三个阶段，东盟都是中国沿边开放的主要方向之一。

广西因受到20世纪70年代中越边境冲突的影响，经济发展长期滞后。改革开放的扩大和中越关系的发展使广西凭借地缘优势而成为中国西南地区出海东南亚的通道。③ 畹町边境经济合作区（1992年）、瑞丽边境经济合作区（1992年）、河口边境经济合作区（1992年）、凭祥边境经济合作区（1992年）、东兴边境经济合作区（1992年）、海南国际旅游岛（2010年）、临沧经济合作区（2013年）、磨

---

① 黄其淮：《全球化时代地方政府参与对外事务的角色分析》，硕士学位论文，暨南大学，2005年，第37—38页。
② 参见黄志勇、庞进、吴净、黄凌志《立足小沿边谋划大沿边实现大开放——广西实施大沿边开放战略初步研究》，载黄志勇主编《广西沿边地区开发开放报告》，广西人民出版社2014年版，第3—9页。
③ Hans Hendrischke, "Guangxi: Towards Southwest China and Southeast Asia", in David S. G. Goodman ed., *China's Provinces in Reform*, London and New York: Routledge, 1997, pp. 21 – 52.

憨重点开发开放试验区（2015年）等对外经济合作区的设立，"使云南、广西、海南等邻近东盟国家的沿边、沿海地区成为了面向东盟开放的前沿"①。这些省区也纷纷把东盟国家视为本地对外开放和开展国际合作的主要对象。例如，在"一带一路"建设中，广西充分发挥沿边地区海陆连接、江海联动、边海互动的独特区位优势，大力构建海陆交会的支点，努力打造沿边开放的升级版。② 中央对相关地方参与中国—东盟合作的授权还在继续扩大。2019年8月，国务院批准设立了广西自贸区（含南宁、钦州、崇左3个片区）和云南自贸区（含昆明、红河、德宏3个片区）。

三 周边外交发展

作为一个追求和平的发展中国家，中国需要一个和谐稳定的周边环境来确保国内经济社会建设的可持续性。经过多年的外交实践，中国基本形成了"大国是关键，周边是首要，发展中国家是基础，多边是重要舞台"的全方位外交布局。东盟国家位于中国的周边，大多数是发展中国家，"10+1"和"10+3"又是多边合作平台。建立对话关系后，尤其是随着中国周边外交政策的继承性发展，东盟在中国对外关系中占据重要地位。

发展睦邻友好关系、开展互利共赢合作符合东盟和中国的共同利益。对于东盟方面来说，加强与日益强大的中国的合作和对话，符合其长远和全局利益。对于中国方面来说，通过地区经济合作提升与东盟的睦邻伙伴关系是中国和平发展战略的重要组成部分，东盟已经成为中国和平发展战略的实验场所和展示窗口。③ 进入21世纪以来，中国领导人审时度势，根据国内和国际形势的变化，在继承的基础上，对周边外交战略思想进行了创造性发展，形成了"与邻为善、以邻为伴"外交方针、"睦邻、安邻、富邻"外交政策和"亲诚惠

---

① 杨祥章：《我国地方参与中国—东盟合作的动力、进程与特点》，《和平与发展》2018年第4期，第96—97页。
② 吕余生：《"一带一路"建设新机遇与广西沿边开放新举措》，载邢广程、林文勋、蓝平儿主编《中国沿边开发开放与周边区域合作：中国社会科学论坛（2014）暨第五届西南论坛论文集》，社会科学文献出版社2015年版，第263页。
③ 卢光盛：《地区主义与东盟经济合作》，上海辞书出版社2008年版，第168页。

容"周边外交理念。中国周边外交政策的继承性发展,更好地表达了崛起中的中国愿意与周边国家共同发展的意愿,有效地发挥了增信释疑的作用,消减了一些发展中国家对中国的政治和安全疑虑,增强了它们与中国开展合作的信心。① 地方是中央政府周边外交政策的落实者,随着东盟在中国周边外交中重要性的提升,地方在中央的授权下,也加大了与东盟国家的接触与合作力度。

第三节 地方层面因素

中国各省区在其对外关系中越来越活跃,省级政府的外交事务不再只服务于中央政府的利益,而是通过发展外部关系来提升本省的国际形象和实现本省的经济利益。② 从中国地方层面看,落实中央对地方的定位、地方的发展需求和与东盟国家的既有联系推动了地方政府参与中国—东盟合作。

一 落实中央对地方的定位

国家的发展是各个地方发展的集合。中国是一个中央集权的单一制国家,地方的发展需要遵循和融入国家总体发展规划。结合国家总体发展需求和地方现实情况,国家领导人和主要发展规划对不同的省区均有定位。落实中央对地方的发展定位,是地方服务和融入国家发展战略的必然要求,是地方获得中央政策支持和实现自身发展的有效途径。③ 随着中国与东盟双边关系的提质升级,中央将具有地缘优势的部分省区的发展定位与深化中国—东盟合作密切联系在一起。

例如,广西被定位为面向东盟区域的国际通道、21世纪海上丝

---

① 参见李晨阳、杨祥章《论21世纪以来中国与周边发展中国家的合作》,《国际展望》2017年2期,第7页。

② Peter T. Y. Cheung and James T. H. Tang, "External Relations of China's Province", in David M. Lampton ed., *The Making of Chinese Foreign and Security Policy in the Era of Reform 1978－2000*, California: Stanford University Press, 2011, p.104; 转引自杨祥章《我国地方政府参与中国—东盟合作的动力、进程与特点》,《和平与发展》2018年第4期,第97页。

③ 杨祥章、郑永年:《"一带一路"框架下的国际陆海贸易新通道建设初探》,《南洋问题研究》2019年第1期,第16页。

绸之路与丝绸之路经济带有机衔接的重要门户；云南定位为面向南亚、东南亚的辐射中心；福建则是21世纪海上丝绸之路核心区。这些定位为相关省区今后一个时期的发展指明了努力的方向。通过多种途径、多方位融入中国—东盟合作与中央政府对广西、云南、福建等省区的发展定位高度契合。因此，积极参与中国—东盟合作，符合广西、云南、福建等相关省区落实国家对其长远发展的定位和要求，并成为这些省区参与对外合作的重中之重。

此外，中国与东盟或单个东盟国家间的部分重要文件也提及鼓励和支持地方与东盟国家的合作，乃至开展具体项目。例如，2018年9月签订的《中华人民共和国政府与缅甸联邦共和国政府关于共建中缅经济走廊的谅解备忘录》明确，中缅双方鼓励上海与仰光、云南与曼德勒、深圳与皎漂等具有优势互补的地方省市间加强经验互鉴、开展深度合作；2018年11月，习近平主席访问文莱期间签署的《中华人民共和国和文莱达鲁萨兰国联合声明》，提出进一步推进"广西—文莱经济走廊"建设。这些文件的相关内容为地方参与中国—东盟合作指明了更具体的方向。

二 地方发展的现实需求

地方随着国际化以及全球联系的加强，地方国际行为的增加使得地方有能力和意愿加入国家对外关系的行列，成为国家对外关系的重要补充。[①] 经过数十年的发展，东盟已是亚太地区乃至全球的重要区域性组织和经济体。现实表明，与东盟的合作可以为中国的地方发展带来切实的经济效益和附带的政治效益。因此，地方普遍对参与中国—东盟合作持积极态度。

（一）国际合作为地方发展带来动力

地方经济社会的发展客观上要求地方融入国际合作。通过参与国际分工与合作，地方政府可以同时利用国内和国外的"两种资源、两个市场"。事实也证明，中国省（区、市）在参与中国—东盟合作的过程中，实实在在地促进了本地经济和社会的发展。

---

① 苏长和：《国际化与地方的全球联系——中国地方的国际化研究（1978—2008年）》，《世界经济与政治》2008年第11期，第32页。

以毗邻东盟的广西和云南为例。2016 年，广西外贸全年进出口总值约 3170.42 亿元，对东盟国家进出口近 1835.44 亿元，占同期广西外贸总值的 57.89%。① 自 2001 年以来，东盟已连续十余年保持广西最大贸易伙伴，对广西经济社会发展的重要性不言而喻。事实上，参与中国—东盟合作带给广西的不仅仅是对外贸易额的高速增长。2004 年以来，广西实施以东盟为重点的大开放战略，创造了三大奇迹：一是中央战略地方化，二是地方战略中央化，三是区际开放国际化。这三大奇迹，使广西从一个相对封闭、边远的少数民族自治区一跃成为中国对东盟战略合作的前沿窗口和新高地，成为连接中国与东盟的国际大通道、交流大桥梁、合作大平台。这三大奇迹，有效地提升了广西在中国区域发展总体战略、对外开放总体战略中的地位、作用和吸引力、影响力、竞争力。② 由此可见与东盟合作对广西整体发展的影响之大。自中国和东盟建立对话伙伴关系以来，云南在东盟国家积极开展承包工程和劳务合作业务，截至 2001 年，全省 95% 以上的对外经济技术承包工程业务集中在东盟国家。③ 随着云南外部合作伙伴的扩大，该比例已有所下降，但东盟依然是云南企业走出去的主要目的地。

（二）地方政府成为地方利益主体

权力下放虽然赋予了地方政府大量的管理职权，但也使得地方政府承担着经济社会发展和民生改善的巨大压力，地方政府不再仅仅是中央政府委托管辖地方事务的代理人角色，也成为地方利益的代表。④ 地方政府承担的最重要对外职责是努力寻求和拓展有利的发展空间，为地方经济的发展服务。这就不仅要利用国内资源，而且更要

---

① 贸易额来源于《广西统计年鉴 2017》，中国统计出版社 2017 年版，第 308 页。百分比为笔者根据贸易额计算所得。
② 黄志勇：《广西服务中国—东盟命运共同体建设新方略》，《东南亚纵横》2014 年第 6 期，第 4 页。
③ 刘稚：《云南与东盟各国经贸合作的现状与发展思路》，载伏润民、陈志龙、杨汝万主编《中国西部开发与周边国家》，云南大学出版社 2003 年版，第 159—160 页。
④ 王立军：《全球化背景下的中国地方政府国际合作》，博士学位论文，山东大学，2012 年，第 32 页。

努力地利用国际资源,在国际上促进本地经济与国际经济的联系。① 对外合作是地方政府实现地方利益的重要途径。

当地方政府从计划经济下的代理人转变为市场经济下的利益主体时,其行为模式也就发生了重大变化,从过去的以执行中央计划为主转变为以实现地方利益为驱动力。其中既有来自社会的就业、福利等自下而上的压力,也有经济增长指标的自上而下的压力。② 与此同时,在中国现有干部任用机制下,任期内的地方发展状况是对当地领导人政绩进行考核时的一项重要衡量指标。晋升竞争迫使地方官员必须时时介入经济发展过程,抓住经济发展的主导权,最大限度推动地区经济增长。③ 鉴于与东盟合作对本地发展的重要性,使地方领导人主观上对参与中国—东盟合作高度重视,并通过手中的行政权力,使其转化为政府行为。

三 地方与东盟国家存在既有联系

在古代社会,中国正是通过西北陆上丝绸之路、西南南方丝绸之路和东南海上丝绸之路,实现了与亚、非、欧相关国家的道路联通、贸易畅通、货币流通、民心相通,建立起全方位的开放体系,将古老的中国文明、印度文明、埃及文明等人类古文明有机地串联起来,构架起一条中国与中亚、西亚、东南亚、南亚、非洲之间的经济之路、文化之路和友谊之路。通过丝绸之路,各民族互通有无、互融共进,使得中国既影响了世界,世界也影响了中国。④ 中国和东盟国家之间的跨国交往历史源远流长,途经陕西、四川、云南的西南南方丝绸之路和福建、广东、广西和海南等省区的东南海上丝绸之路进一步密切了中国和东盟国家的经贸和人员往来。这些中国地方与东盟国家间的既有联系,使相关地方参与中国—东盟合作更为便捷。

---

① 杨勇:《全球化时代的中国城市外交——以广州为个案的研究》,博士学位论文,暨南大学,2007 年,第 48 页。
② 杨光斌:《中国政治认识论》,中国社会科学出版社 2018 年版,第 314—315 页。
③ 周黎安:《转型中的地方政府:官员激励与治理》(第 2 版),格致出版社、上海三联书店、上海人民出版社 2017 年版,第 236 页。
④ 林文勋:《"一带一路"战略与南方丝绸之路经济大走廊构想》,《云南师范大学学报》(哲学社会科学版)2016 年第 2 期,第 5 页。

（一）拥有共同边界

共同边界为中国与东盟国家提供了天然的联系纽带。广西和云南等沿边地方省区与东盟国家直接接壤，山水相连。广西与越南的广宁、谅山和高平3个省接壤，拥有600多千米陆路共同边界，与多个东盟国家隔海相望。云南与缅甸、老挝和越南3个东盟国家接壤，有着4060千米共同边界；境内有澜沧江、怒江、红河等多条流向中南半岛东盟国家的跨境河流。[①] 湄公河，怒江—萨尔温江与缅甸，以及红河与越南。除了东兴、凭祥、瑞丽、磨憨、河口、清水河等数十个口岸之外，广西和云南与缅甸、老挝、越南之间还有众多便利边民往来的交通小道。在云南德宏，还存在一个村寨分属中缅两国的现象。

即使某一时点中国和东盟国家的关系在高层次上变得紧张，中国相关省区与东盟国家的民间交往和边境贸易并不会完全割断。这些联系可以为未来国家间的关系回暖提供一种缓冲。20世纪50年代，中越两国签署协议，在边境地区开始小额贸易。80年代，越南禁止与中国的边贸。但双边的经贸往来并没有被完全阻断，1983年，广西在边境地区开辟了一些边贸市场。[②] 由此可见，地理上的邻近使地方成为中越两国关系回暖的先行者。

（二）多个民族跨境而居

历史上的人员往来和人口迁徙成就了中国和东盟国家多个民族跨境而居的现状。中国文明随着郑和下西洋和丝绸之路向周边地区传播，并在一定程度上得到中南半岛国家的接受和吸纳。民族、语言和文化上的相似性为中国和东盟国家提供了情感纽带。

中南半岛国家，尤其是与中国接壤的越南、老挝和缅甸三国就有不少民族与中国西南地区少数民族之间有一定的渊源。在越南、老挝和缅甸三国与中国相接的边境地区分布的壮、苗、瑶、彝、哈尼、景颇、拉祜、佤、德昂族等跨界民族达数十个。[③] 云南的25个世居少

---

① 澜沧江从云南出境后被称为澜沧江，流经老挝、缅甸、柬埔寨、泰国和越南；怒江出境后流经缅甸，被称为萨尔温江；红河出境后流经越南。

② Liao Shaolian, "China's Border Trade with Newer ASEAN Members: Problems and Prospect", John Wong, Zou Keyuan, Zeng Huaqun eds., *China-ASEAN Relations: Economic and Legal Dimensions*, Singapore: World Scientific, 2006, p. 163.

③ 于建忠、范祚军：《东盟共同体与中国—东盟关系研究》，人民出版社2018年版，第56—57页。

数民族中，有16个与东盟国家跨境而居。边境双方的居民在语言、文化、风俗习惯方面有着相似之处，也有着相同的宗教信仰。跨境民族之间还出现了通婚现象，建立了良好的经济文化联系，也促进了中国文化的传播。① 例如，云南西双版纳与柬埔寨、老挝、缅甸、泰国等东盟国家都庆祝泼水节；小乘佛教是缅甸、泰国以及云南部分民众的共同信仰。跨境民族在语言、文化和宗教上的相似性，可以拉近彼此间的情感，减少这些地区与东盟国家的交流成本。

（三）华侨华人众多

东盟地区是中国主要的华侨华人分布地。福建、广东、广西、海南、云南等沿海、沿边省区曾是东盟华侨华人的传统来源地。随着中国与东盟经贸合作的密切，到东盟国家投资、务工、学习、定居的中国人增多，构成了东盟地区新一代的中国移民。东盟华侨华人与家乡、祖籍地保持着千丝万缕的联系，也成为中国地方与东盟交流合作的桥梁。

东南亚华侨华人是中国在东南亚地区提升国家形象和增强政治、经济、文化影响力的重要力量。② 华侨华人对中国—东盟经贸合作的推动作用最为明显。在中国改革开放、吸引外资的最初十年，在进入中国的95.46亿美元的外商直接投资中，92.54亿美元来自海外华资，其中，29.23亿美元直接来自东南亚。③ 华侨华人的作用并不仅限于经贸领域。随着华侨华人融入所在国的程度加深和部分华人走上东盟国家的政坛，他们还推动了中国文化在东盟国家的传播，增加了东盟国家对中国的了解。华人华侨对中华文化的世界传播以及推动中国与东南亚国家的教育等各方面合作都发挥了重要的作用。例如，祖籍是南部边疆省区的华侨华人的思乡情结会促使他们在子女来华留学时倾向于选择故乡的学府。④ 总而言之，华侨华人对原乡故土的情感

---

① 屠年松、屠琪珺：《中国与东盟国家和谐关系论》，中国经济出版社2018年版，第237页。
② 方长平、侯捷：《华侨华人与中国在东南亚的软实力建设》，《东南亚研究》2017年第2期，第152页。
③ 庄国土：《经贸与移民互动：东南亚与中国关系的新发展——兼论近20年中国人移民东南亚的原因》，《当代亚太》2008年第2期，第86页。
④ 王贤：《南部边疆省区发展东盟国家来华留学生教育的优势探析》，《高教论坛》2019年第3期，第30页。

则直接转化成了推动故乡参与中国—东盟合作的具体实践。

本章小结

促使地方参与中国—东盟合作的动力是多元化,既有外部刺激,也有内生动力。内外部因素相互交织,形成了推动地方参与中国—东盟合作的合力。

在经济全球化和区域经济一体化加速的大背景下,中国加大了对外合作步伐,与东盟建立了对话关系,并逐步发展为面向繁荣与发展的战略合作伙伴。中国与包括东盟国家在内的外部世界的互动为地方的国际化和对外合作提供了适宜的环境和平台。

中央的授权为地方参与中国—东盟合作提供了合法性。随着对外开放的扩大和东盟在中国周边外交中重要性的提升,中央对借力地方开展对外合作来提升开放水平和中国—东盟关系的需求增加,使地方在中国—东盟合作中获得了更大的活动空间。

地方对中国—东盟合作的参与,不仅仅是受到来自国际和国家层面的拉动,还有内部的推动。随着中央的授权,地方政府不再仅仅是中央的代理人,也成为地方利益的代表,在地方经济社会发展中担负着更大的职责。利用共同边界、跨境民族和华侨华人等既有联系,地方积极参与中国—东盟合作,力图实现兼顾中央对本地定位和地方发展的双重目标。

第三章

地方参与中国—东盟合作的表现

作为中央的代理人和对外政策的执行者，地方积极参与到中国—东盟的政治安全、经贸往来和人文交流中。由于中央的授权度不同，地方在政治安全领域主要是落实中央的既定方针和政策，在经贸往来和人文交流领域，能动性开始凸显，丰富了中国—东盟合作的内容和外延。

第一节 经贸合作领域

经济合作是中国各省（区、市）参与中国—东盟合作时最为重视、也最为活跃的领域。本节将从贸易畅通、资金融通和设施联通三个涉及经济的领域对地方参与中国—东盟经济领域的合作进行分析。

一 贸易畅通

（一）进出口贸易

改革开放之初的1978年，中国与东盟的贸易额仅为8.59亿美元；至中国与东盟开始建立对话关系的1991年增长为79.6亿美元，13年间增长了8倍。而从1991年到2010年，中国与东盟贸易额增长到2927.8亿美元，增长了近30倍，年均增长率高达20%以上。[①]

[①] 中国—东盟商务理事会中方秘书处编：《中国—东盟互联互通》，中国铁道出版社2011年版，第11页。

2018年，中国与东盟贸易额高达5878.7亿美元，实现历史新高，同比增长14.1%，增速超过中国对外贸易平均增速。截至2018年底，中国对东盟累计投资额890.1亿美元，东盟对华累计投资额1167亿美元，双向投资存量15年间增长22倍。东盟首次超过英属维尔京群岛，跻身继香港之后的中国第二大对外投资目的地。同时，东盟也仅次于中国香港和欧盟，位列中国第三大投资来源地。[①] 中国已连续10年成为东盟第一大贸易伙伴，东盟连续8年成为中国第三大贸易伙伴。据中国海关总署统计数据，2019年，中国从东盟进出口货物额达到4.43万亿元人民币，增长14.1%。[②] 东盟随之取代美国，成为2019年中国第二大贸易伙伴，仅次于欧盟。这也是自1997年以来，东盟首次成为中国第二大贸易伙伴。

中国与东盟经贸关系的发展是经济全球化的结果，但也离不开中国地方政府"引进来"和"走出去"的努力。中国沿海沿边内陆地区以中国—东盟自由贸易区为平台，积极发挥优势，鼓励和支持企业走向东盟，深化与东盟国家的经贸合作，东盟已经成为中国沿海沿边内陆地区企业"走出去"的首选地。[③] 由于地缘上的优势，与东盟接壤的广西、云南等沿边省区在参与中国—东盟经贸合作时异常积极，对外贸易上对东盟的依赖程度也相对较高。

（二）经济园区建设

《国务院关于支持沿边重点地区开发开放若干政策措施的意见》明确指出，重点开发开放试验区、沿边国家级口岸、边境城市、边境经济合作区和跨境经济合作区等沿边重点地区是中国深化与周边国家和地区合作的重要平台。[④] 在地方政府成为中国和东盟国家之间的跨境经济合作区、边境经济合作区和境内外工业园区等各类经济园区的建设主力，积极支持本地国有企业或私营企业参与相关经济园区

[①] 《2018年中国—东盟经贸合作再创佳绩》，中国驻东盟使团经商处，http://asean.mofcom.gov.cn/article/zthdt/dmjmtj/201905/20190502867536.shtml。

[②] 《海关总署：2019年东盟成为中国第二大贸易伙伴》，2020年1月14日，中新网（http://www.chinanews.com/cj/2020/01-14/9059191.shtml）。

[③] 雷小华：《中国沿海沿边内陆地区构建对东盟开放型经济分析——以广东、广西、云南、四川为例》，《东南亚纵横》2013年第3期，第50页。

[④] 《国务院关于支持沿边重点地区开发开放若干政策措施的意见》（国发〔2015〕72号），2015年12月。

建设。

1. 边境经济合作区和跨境经济合作区

顾名思义，边境经济合作区和跨境经济合作区是在单一国家边境或相邻国家边境线两侧享受提供特殊政策支持的特定区域。鉴于其具有地理上的限制，推动和参与中国和东盟国家间跨境经济合作区建设的主要是广西和云南。

在西部大开发和沿边对外开放的背景下，中央政府自1992年以来批准建立了17个国家级边境经济合作区。6个面向东盟的国家级边境经济合作区，2个位于广西，4个位于云南。除临沧边境经济合作区之外，其余5个边境经济合作区均在1992年就获准建立（见表3－1）。临沧边境经济合作区是1992年以来批准设立的第二个国家级边境合作区。《国家级边境经济合作区基础设施项目贷款财政贴息资金管理办法》，明确将对包括广西、云南等地的国家级边境经济合作区的基础设施项目贷款给予财政贴息政策。①

表3－1　　　　面向东盟的国家级边境经济合作区

合作区名称	所在省区	建立时间	备注
凭祥边境经济合作区	广西	1992年	规划面积7.2平方公里，实际管辖面积23.4平方公里，内有友谊关和凭祥火车站2个国家一类口岸，建设园区包括南山工业园、万通物流园、林业工业园和友谊关工业园。
东兴边境经济合作区	广西	1992年	规划面积4.07平方公里，实际管辖面积12.1平方公里，主要建设江平工业园、冲榄产业园、牛轭岭产业园和潭吉港。
瑞丽边境经济合作区	云南	1992年	规划面积6平方公里，实际管辖面积6.84平方公里，以进出口加工、仓储物流、特色农业、边境旅游为主导产业。

---

① 《财政部关于印发〈国家级边境经济合作区基础设施项目贷款财政贴息资金管理办法〉的通知》（财建〔2009〕36号），2009年2月。

续表

合作区名称	所在省区	建立时间	备注
畹町边境经济合作区	云南	1992 年	核定面积 5 平方公里，实际管辖面积 6.84 平方公里，重点发展领域为：一是以大通道枢纽为支撑的商贸物流服务产业；二是以康体休闲、民族文化、历史文化为重点的旅游文化产业；三是以生物制药、食品加工、天然气能源开发利用为重点的集群产业。
河口边境经济合作区	云南	1992 年	核定面积 4.02 平方公里，主导产业包括旅游业、边境贸易和物流业。
临沧边境经济合作区	云南	2013 年	采取"一区多园"的发展模式，主要建设孟定核心园区、南伞园区及永和园区。

资料来源：笔者根据雷小华《中国—东盟跨境经济合作区发展研究》（《亚太经济》2013 年第 3 期）等相关资料整理。

除了积极建设上述国家级边境经济合作区之外，地方政府还致力于建设面向东盟国家的省级边境经济合作区。例如，云南省批复同意建设麻栗坡（天保）、耿马（孟定）、腾冲（猴桥）、孟连（勐阿）、泸水（片马）和勐腊（磨憨）6 个省级边境经济合作区。2012 年，云南省出台了《云南省人民政府关于加快推进边境经济合作区建设的若干意见》，提出要"将边境经济合作区建设成为沿边经济带的重要支点；成为利用周边国家资源，承接产业转移的进出口加工基地；成为贯彻睦邻友好、务实合作、互利共赢的区域经济合作典范"[1]。此外，云南省在边境经济合作区实施独立的管委会制度，向管委会下放投资项目核准权，并对具备启动条件的省级边境经济核准权补助 1000 万元启动建设经费。

在建设本国边境经济合作区的基础上，与邻国共建跨境经济合作区逐渐被提上日程。在中国—东盟自贸区建设的带动下，自 2007 年以来，广西和云南利用毗邻越南、缅甸和老挝的地缘优势，积极推动

---

[1] 《云南省人民政府关于加快推进边境经济合作区建设的若干意见》（云政发〔2012〕77 号），2012 年 5 月。

涵盖本地区边境的跨境经济合作区建设。截至 2019 年 3 月，中国和东盟国家间主要有 6 个有建设意向的跨境经济合作区，即中国凭祥—越南同登跨境经济合作区、中国龙邦—越南茶岭跨境经济合作区、中国河口—越南老街跨境经济合作区、中国东兴—越南芒街跨境经济合作区、中国磨憨—老挝磨丁经济合作区和中国瑞丽—缅甸木姐边境经济合作区（见表 3-2）。

表 3-2　中国—东盟跨境经济合作区（截至 2020 年 3 月）

序号	跨境经济合作区名	参与的中国省区	备注
1	中国凭祥—越南同登跨境经济合作区	广西	2007 年 1 月，广西与越南谅山两地商务部门签署共建跨合区备忘。中方区域规划建设面积 10.2 平方公里，以凭祥综合保税区为核心功能区，可行性研究报告已初步通过专家评审。
2	中国龙邦—越南茶岭跨境经济合作区	广西	2007 年 11 月，百色市与越南高平省签署合作备忘录；2017 年 2 月，百色市与高平省签署跨合区试点项目建设协议。（中方区域）总体发展规划（2016—2030 年）已完成编制并通过专家评审。
3	中国河口—越南老街跨境经济合作区	云南	2005 年 9 月，云南红河州政府与越南老街省人民委员会签订《中国河口—越南老街跨境经济合作区方案》；2010 年 6 月，云南与越南老街签署《关于进一步推进中国河口—越南老街跨境经济合作区建设的框架协议》。2016 年 12 月，红河州批复设立河口跨境经济合作区工作委员会、河口跨境经济合作区管理委员会，为红河州委州政府派出机构。中方规划面积为 21 平方公里，中方区域 11 平方公里，越方区域 10 平方公里。

续表

序号	跨境经济合作区名	参与的中国省区	备注
4	中国东兴—越南芒街跨境经济合作区	广西	2010年9月，广西与越南广宁省签署合作协议；2013年10月，国家商务部和越南工贸部签署《关于建设跨境经济合作区的谅解备忘录》，明确提出要在中越界河北仑河的两岸，共建跨合区。2015年12月跨合区建设指挥部正式成立并进驻办公。
5	中国磨憨—老挝磨丁经济合作区	云南	2012年6月，云南商务厅与老挝南塔省计划投资厅在昆明召开跨合区建设协商会，并签署会议纪要；2014年6月第二届南博会期间，中老两国签署《关于建设磨憨—磨丁经济合作区的谅解备忘录》，标志着磨憨—磨丁经济合作区正式纳入中老两国国家层面项目开启推动。2016年11月底至12月初，老挝政府总理通伦·西苏访华期间，两国签署了《中国老挝磨憨—磨丁经济合作区共同发展总体规划（纲要）》；中方成立了磨憨—磨丁经济合作区管委会。
6	中国瑞丽—缅甸木姐边境经济合作区	云南	2007年初开始论证，2012年完成了可研工作并通过了省边境经济合作区建设指导委员会专家组的评审，经云南省政府上报国务院，被正式列入商务部与云南省政府《共同提升云南沿边开放水平合作备忘录》。2015年12月，云南省商务厅与缅甸商务部贸促司、贸易司召开研讨会，并就共识形成会议纪要。2020年1月，习近平主席访问缅甸期间，两国商务部签署《关于加快推进协商瑞丽—木姐边境经济合作区框架协议的谅解备忘录》。

资料来源：笔者根据相关资料和报道整理。

在（中国与东盟邻国间的）6个跨境经济合作区的实践过程中，从省到地州再到县市各级地方政府发展边境地区经济的愿望十分强烈，在推动合作区的建设中发挥了主导作用。无论是组织机构的建设、政策制度的保障、基础设施的建设、双边的交流磋商,还是项目的规划、边境城市的建设、人才的培养、招商引资等各方面,各级地方政府都不遗余力,为跨境经济合作区创建了良好的外部条件和发展平台。[1]《云南省人民政府关于印发支持红河州河口跨境经济合作区建设若干政策的通知》(云政发〔2013〕141 号)对入驻河口跨合区的新办企业,除国家禁止和限制产业外,应缴纳企业所得税地方分享部分试行"五免五减半"优惠。为推动跨境经济合作区的发展,中国相关地方政府积极组织研讨论证。2015 年 12 月,中缅瑞丽—木姐跨境经济合作区国际研讨会在昆明举行。云南省副省长高树勋、缅甸总统府经济顾问吴佐武出席研讨会并致辞。2016 年 9 月,第 13 届中国—东盟博览会期间,首届中越跨境经济合资论坛暨广西东兴国家重点开发开放试验区专场推介会顺利举办;2018 年 9 月,第 13 届中国—东盟博览会期间,第三届中越跨境经济合作论坛暨中国东兴—越南芒街跨境经济合作区专场推介会在南宁举办。

不同于边境经济合作区由单一国家建设,跨境经济合作区涉及两国的事权、物权,甚至需要让渡部分主权,建设程序更为复杂。正因如此,这 6 个跨境经济合作区尚处于意向建设阶段,并未达成具体的共建方案。但在地方的努力推动下,中国与相关国家间已就跨境经济合作区建设达成了初步共识。2013 年 10 月,李克强总理访问越南期间,双方签订了《中越跨境经济合作区谅解备忘录》。2017 年 11 月,习近平主席访问越南期间,中国商务部与越南工贸部签署了《关于加快推进中越跨境经济合作区建设框架协议谈判进程的谅解备忘录》。2017 年 5 月,中国商务部和缅甸商务部签署了《关于建设中缅边境经济合作区的谅解备忘录》。2020 年 1 月,习近平主席访问缅甸期间,两国商务部签署《关于加快推进协商瑞丽—木姐边境经济合作区框架协议的谅解备忘录》。

2. 境内合作工业园区

中国和东盟国家之间共建工业园区时秉持"引进来"和"走出去",也是如此,且其中不乏地方的深度参与。"引进"东盟国家参

---

[1] 罗圣荣:《云南省跨境经济合作区建设研究》,《国际经济合作》2012 年第 6 期,第 84 页。

与建设的工业园区主要是与新加坡共建的 4 个政府间项目，以及与马来西亚共建的中马钦州产业园区；中企则参与了柬埔寨、马来西亚、老挝、泰国、越南等多个东盟国家的工业产业园区建设。

（1）中新合作园区/项目

自 1994 年以来，中国与新加坡已经开展了四个中国中央政府支持的政府间项目，分别为苏州工业园、天津生态城、（重庆）战略性互联互通示范项目和广州知识城。为推动双边政府间项目，中新两国建立包括联合协调理事会、双边工作委员会和联合实施委员会在内的三级合作机制。联合协调理事会由两国各派出一名副总理担任共同主席；双边工作委员会由两国相关部委部长担任主席；联合实施委员会由项目所在地政府和新加坡部级代表担任联合主席。三级机构中均有项目所在地政府的代表。以苏州工业园区为例。2018 年 9 月在新加坡召开的中新苏州工业园区联合协调理事会，中方主席为国务院副总理韩正，成员单位包括商务部、外交部等 12 个国家部委，以及江苏省和苏州市两级政府；中方的双边工作委员会单位为苏州市政府；中方的联络机构为苏州工业园区借鉴新加坡经验办公室（见表 3 - 3）。

表 3 - 3　　　　　　中新苏州工业园三级机构示意

	中方	新方
中新苏州工业园区联合协调理事会（第十九次）		
主席	国务院副总理韩正	内阁副总理张志贤
成员单位	商务部、外交部、财政部、科技部、自然资源部、住建部、海关总署、国家税务总局、国家发改委、市场监管局、人民银行、银保监会、江苏省政府、苏州市政府	财政部、外交部、文化社区青年部、贸工部、国家发展部、环境及水资源不、教育部、人力部、通讯及新闻部、法律部、企业发展局、裕廊集团
工作委员会		
苏州市政府	贸工部	
联合实施委员会		
苏州工业园区借鉴新加坡经验办公室	贸工部软件项目办公室	

资料来源：笔者根据中新合作苏州工业园区建设 25 周年专题网相关信息绘制，http://news.sipac.gov.cn/sipnews/yqzt/25th/hh25zn/。

作为政府间合作，中新间的项目只能成功，不能失败，否则会直接影响到两国关系。因此，地方政府的选择非常重要。新加坡选择和确定中国地方省区作为项目地时，至少要满足三方面的条件：中国中央政府支持、地方政府支持和企业参与，其中中国中央政府的决定最为重要。① 新加坡对中国中央和地方之间协作的高度重视，是东盟国家对开展与中国地方间合作的缩影。

表3-4　　　　　　　　　　中新政府间项目

项目名	主要参与省/区/市	启动时间	备注
苏州工业园	江苏（苏州）	1994年	1994年2月，中新两国政府签署《中华人民共和国政府和新加坡共和国政府关于合作开发建设苏州工业园区的协议》，苏州市政府与新方财团代表两国政府签署了《苏州工业园区商务总协议》。由中国苏州工业园区股份有限公司（中方财团）和新加坡—苏州园区开发私人有限公司（新方财团）合资组建的苏州工业园区开发有限公司（后经增股并更名为中新苏州工业园区开放股份有限公司）进行运营。
天津生态城	天津	2007年	2007年11月，时任国务院总理温家宝和新加坡总理李显龙共同签署《中华人民共和国政府与新加坡共和国政府关于在中华人民共和国建设一个生态城的框架协议》。国家建设部与新加坡国家发展部签署了《中华人民共和国政府与新加坡共和国政府关于在中华人民共和国建设一个生态城的框架协议的补充协议》。
（重庆）战略性互联互通示范项目	重庆	2015年	2015年11月，习近平主席访问新加坡期间，两国签署了《关于建设中新（重庆）战略性互联互通示范项目的框架协议》及其补充协议。同时，重庆和新加坡贸工部签署了《关于建设中新（重庆）战略性互联互通示范项目实施协议》。

①　信息源于2017年9月13日，笔者在新加坡访学期间，与新加坡国立大学东亚所5名研究人员的座谈。

续表

项目名	主要参与省/区/市	启动时间	备注
广州知识城	广州	2009年	2009年3月，在广东省委书记汪洋和新加坡国务资政吴作栋的共同见证下，广州开发区管委会与新加坡吉宝企业集团签署了《关于核准建设"知识城"项目的备忘录》。2010年12月，中新广州知识城管委会揭牌；2013年10月，中新广州知识城主城区动工。2018年升级为国家间项目。

资料来源：笔者根据公开报道资料整理自制。

中新苏州工业园区、天津生态城和重庆互联互通战略性示范项目的主题无一不是围绕当时中国的发展主线。中新苏州工业园区于1994年签署合作协议，定位是建设一个以高新技术为先导、现代工业为主体、第三产业和社会公益事业配套的具有一定规模的现代化工业园区[1]，是中国的改革开放试验田和国际合作示范区，而20世纪90年代中期正处于中国扩大对外开放、大力吸引外资的阶段；2007年11月，中新签署共建天津生态城的合作协议，中国正积极应对全球气候变化，全力加强环境保护；2015年中新重庆互联互通战略性示范项目，中国正在实施"一带一路"倡议，互联互通是其中的主要内容之一（见表3-4）。

除上述四个中国中央政府和地方政府共同参与的中新项目之外，中国地方政府还承接了新加坡参与的中新南京生态科技岛（2009年）、新川创新科技园区（2012年）和中新吉林食品区（2012年）。这些项目是新加坡和中国地方合作理事会框架下重要的区域性对外经济合作项目，由新加坡贸工部和中国各相关地方共同推动开发建设。

---

[1] 《中华人民共和国政府和新加坡共和国政府关于合作开发建设苏州工业园区的协议》，1994年2月。

（2）中马双园

2012年开始建设的中马双园包括钦州产业园和关丹产业园。钦州产业园位于中国广西，关丹产业园位于马来西亚彭亨州。中马双园开创了两个国家互设园区、联袂发展的先河，是对中国—东盟自贸区建设新要求的呼应。其中，钦州产业园是地方参与中国—东盟合作的具体表现。

2011年4月，时任中国总理温家宝在马来西亚进行国事访问时，提议在广西钦州共建产业园；同年11月，中马两国政府签署了园区合作会谈纪要，并为钦州产业园揭牌。2017年7月28日，广西第十二届人大常委会第三十次会议通过了《中国—马来西亚钦州产业园区条例》。该文件提出，要发挥钦州产业园区在服务"一带一路"建设、推进中国—东盟合作中的示范引导作用；中国—马来西亚钦州产业园区管理委员会作为自治区人民政府派出机构，依据本条例规定，行使产业园区行政管理和公共服务职责，履行国有资产管理职能，并承担相应的法律责任。[①] 中马钦州产业园远期规划面积55平方公里，定位为"先进制造基地、信息智慧走廊、文化生态新城、合作交流窗口"。[②] 马中关丹产业园由两国合资组建的马中关丹产业园区有限公司（MCKIP. Sdn. Bhd）负责开发建设和运营。中方在该公司中持股49%，由钦州市开发投资集团有限公司和广西北部湾国际港务集团有限公司参股。[③] 这两家企业分别是钦州和广西两级政府直属的国有独资企业。

3. 参建东盟国家境内经贸合作区

中资企业"走出去"参与了柬埔寨、印度尼西亚、老挝、泰国和越南等多个国家境内的经贸合作区建设。虽然中国地方政府并没有直接参与这些经贸合作区建设，但参建的企业多为国有企业（见表3-7）。例如，中国印度尼西亚经贸合作区的参建企业广西农垦集团，老挝赛色塔综合开发区的参建企业云南省海外投资有限公司，中

[①] 《中国—马来西亚钦州产业园区条例》，2017年7月。
[②] 《中马钦州产业园区总体规划》2014年4月9日，中马钦州产业园区，http://www.qip.gov.cn/yqgk/yqgh/20140409-55405.shtml。
[③] [马来西亚] 林德顺、廖博文：《"一带一路"背景下中马"两国双园"模式现状、机遇与挑战》，《亚非研究》2018年第1辑，第269页。

越(深圳—海防)经贸合作区的参建企业深圳市投资控股有限公司。其中,中越(深圳—海防)经贸合作区是中国在东盟国家设立的第一个工业园区,也是广东省实施"走出去"的重大项目。①

鉴于部分经贸合作区是地方企业"出海"的样板,政府为经贸区建设排忧解难以及地方领导人到经贸合作区进行视察的报道屡见不鲜。例如,为扩大西港特区影响力,加大西港特区招商引资力度,无锡市政府2013年先后在东莞、无锡和宁波举办西港特区推介会,并召开"西港特区建设专题新闻发布会"。为解决柬埔寨西哈努克港经济特区发展过程中面临的问题,自2012年以来,中国商务部和柬埔寨发展理事会也多次召开不同级别的协商会议。

表3-5　　中国在东盟国家境内参建的主要经贸合作区

经贸区名	所在国	经贸区概况
西哈努克港经济特区	柬埔寨	江苏无锡红豆集团参建,规划面积11.13平方公里。2008年奠基;2010年中柬双边政府签订了《中华人民共和国政府和柬埔寨王国政府关于西哈努克港经济特区的协定》;2012年6月,时任中共中央政治局常委、中央纪委书记贺国强与柬埔寨王国首相洪森共同为西港特区揭牌。
中国印度尼西亚经贸合作区	印度尼西亚	广西在境外设立的第一个经贸合作区,由广西农垦集团与印度尼西亚企业合作承建。合作区位于雅加达东部的工业长廊,规划面积455公顷,2008年开始建设。2016年通过中国商务部和财政部考核,获批成为国家级境外经贸合作区。
聚龙农业产业合作区	印度尼西亚	合作区由天津聚龙嘉华投资集团有限公司全资子公司天津市邦柱贸易有限责任公司投资开发建设,总体规划面积4.21平方公里。2016年通过中国商务部和财政部考核,获批成为国家级境外经贸合作区。

---

① 刘聪:《"海上丝绸之路"助推广东与东盟合作升级》,《新经济》2014年7月,第13页。

续表

经贸区名	所在国	经贸区概况
赛色塔综合开发区	老挝	开发区运营主体为老中联合投资有限公司,该公司由云南省建设投资控股集团有限公司的海外投资平台——云南省海外投资有限公司与老挝万象市政府共同出资组建。开发区占地11.49平方公里,2016年通过中国商务部和财政部考核,获批成为国家级境外经贸合作区。
罗勇工业园	泰国	华立集团与泰国安美德集团在泰国合作开发的面向中国投资者的现代化工业区,中国首批"境外经贸合作区"之一。规划面积12平方公里,2006年3月开始开发建设。
深圳—海防经贸合作区	越南	国家商务部批准建设的境外合作区,投资方深圳市投资控股有限公司为全资控股国企。合作区规划总面积2平方公里,2016年12月9日全面动工。
龙江工业园	越南	商务部国家级境外经贸合作区,由中国浙江前江投资管理有限责任公司投资开发。规划面积600公顷,2008年5月开始建设。

资料来源：笔者根据中国境外经贸合作区网相关资料整理，http://www.cocz.org。

二 资金融通

在中国—东盟的资金融通中，地方参与最为典型的是推动人民币在东盟的国际化和建设沿边金融示范区。随着云南和广西沿边金融综合改革试验区建设的推进，中国与东盟国家在资金互融、监管互动、人员互联、信息互通等方面的合作不断深化，人民币在东盟的国际化持续扩大。

（一）人民币国际化

1. 人民币在东盟的国际化历程

人民币国际化是中国从经济大国向经济强国转变的必然结果。随着中国经济的多年稳步增长和对外贸易额的攀升，人民币逐步走向国际化。人民币国际化通过双边货币合作，可以规避以美元计价的汇率风险，降低汇兑成本，促进贸易投资便利化，进而不断提升和增强人民币在国际贸易中作为支付货币、投融资货币和储备货币的功能。2015年11月30日，国际货币基金组织执董会决定将人民币纳入特别提款权（SDR）货币篮子，SDR货币篮子相应扩大至美元、欧元、人民币、日元、英镑5种货币，人民币在SDR货币篮子中的权重为10.92%。新的SDR货币篮子已于2016年10月1日生效，人民币的国际地位空前提高，人民币国际化也进入新的历史阶段。

作为中国主要贸易和投资伙伴的东盟是人民币国际化的重点区域和先行先试区。2008年12月，国务院决定开展跨境贸易人民币结算试点工作。广西、云南与东盟的货物贸易被纳入跨境贸易结算试点。2009年7月，6部门发布跨境贸易人民币结算试点管理办法，正式启动跨境贸易人民币结算，加快了人民币国际化步伐。自此以来，人民币在东盟的国际化成效斐然（参见附录表2"人民币在东盟国际化大事记"）。

人民币在中国—东盟自由贸易区是仅次于美元、欧元和日元的硬通货，特别是在越南、缅甸、老挝等国家作为支付货币和结算货币具有较高的接受度，已经成为东南亚各国居民广受欢迎的"民间储备货币"。[①] 中国从2011年8月开始在香港试行人民币合格境外投资，截至2017年9月30日，试点涵盖了中国香港和包括新加坡、马来西亚及泰国在内的17个国家。其中，新加坡于2013年10月被列为试点国家，总额度1000亿元，是继英国之后第二个被立为试点的国家；马来西亚和泰国于2015年11月被列为试点国家，分别获得500亿元的总额度。中国人民银行发布的《2018年人民币国际化报告》显示，从地域上看，2017年，中国内地与香港地区的人民币跨境收付金额占比为49.7%；之后是新加坡占比9%，越南（1.1%）和马来西亚（1%）分列第13位和第14位。[②] 截至2018年底，中国与越南、缅甸等国签署了自主选择双边货币结算协议；中国人民银行已和马来西亚、印度尼西亚、新加坡、泰国等东盟国家的央行签署了大规模的双

[①] 刘光溪：《人民币国际化路径选择与云南实践》，《中共中央党校学报》2012年第6期，第58页。

[②] 中国人民银行：《2018年人民币国际化报告》，2018年9月。

边本币互换协议。2019年1月30日,继将欧元、美元和新加坡元列为官方结算货币之后,缅甸央行宣布将人民币和日元新增为官方结算货币。

2. 人民币在东盟国际化的地方实践

事实上,在中缅、中老、中越等边境地区,伴随着边境贸易、边贸互市和边境旅游业的发展,人民币早已经作为结算货币和支付货币在这些国家大量使用,并在一定程度上同这些国家的货币进行自由兑换,人民币基本上成为一种实施上的区域性货币。[1] 地方在不断探索与周边国家贸易便利化新途径的同时,也自觉或不自觉地推动了人民币在东盟的国际化。

云南从1993年开始跨境贸易人民币结算业务;2004年,国务院批准云南独家试点边贸以人民币结算出口退税政策;2004年11月,农业银行河口县支行开展人民币对越南盾的兑换业务,2005年云南在全国率先试行滇泰一般贸易以人民币结算核销制度;2007年12月,人民银行昆明中心支行在全国率先批准境外银行使用人民币结算头寸购汇和境外银行人民币透支业务。云南省还成功探索出符合本省和周边国家特点的对开本币账户和境内人民币转账两种模式。[2] 随着中国与缅甸、越南等签署自主选择结算货币协议,人民币逐渐成为周边国家与云南开展边贸时的结算首选货币。2005年,云南省边境贸易人民币结算额达27亿元,85%以上的边贸都是用人民币结算的;2007年,这个比例已经达到了90%以上。[3] 2011年6月,云南富滇银行在全国范围内首次推出老挝基普对人民币业务,进一步扩大了人民币与东盟国家货币的汇兑业务。

边贸人民币结算的成功经验也为云南开展跨境贸易人民币结算试点工作奠定了基础。2011年5月,《国务院关于支持云南省加快建设面向西南开放重要桥头堡的意见》明确指出,把昆明建成面向东南

---

[1] 刘光溪:《人民币国际化路径选择与云南实践》,《中共中央党校学报》2012年第6期,第56页。

[2] 卢光盛、邰可:《昆明区域性国际金融中心建设进展分析》,载刘邵怀主编《中国面向西南开放重要桥头堡建设发展报告(2011—2012)》,社会科学文献出版社2012年版,第143页。

[3] 叶涵:《云南省跨境人民币业务发展研究》,硕士学位论文,云南大学,2015年,第25页。

亚、南亚的区域性金融中心。同年10月，云南制定出台了《云南省人民政府关于金融支持服务桥头堡建设的指导意见》（云政发〔2011〕202号），提出"打造人民币跨境贸易结算和直接投资为重点的金融服务平台"[①]。2012年5月，瑞丽次区域跨境人民币金融服务中心启动，推动人民币加快在南亚、东南亚的国际化步伐。

（二）沿边金融综合改革示范区建设

2013年11月，经国务院同意，中国人民银行、国家发改委、财政部、商务部、海关总署、国务院港澳事务办、国务院台办、中国银监会、中国证监会、中国保监会和国家外汇管理局联合印发了《云南省广西壮族自治区建设沿边金融综合改革试验区总体方案》（以下简称《沿边金改方案》）。《沿边金改方案》旨在促进沿边金融、跨境金融、地方金融改革"先行先试"，促进人民币周边区域化，提升两省区对外开放和贸易投资便利化水平，推动沿边开放实现新突破。[②]《沿边金改方案》提出要整合西南边陲民族地区金融资源，加强金融对外交流与合作，促进与周边国家建立更紧密的经贸金融合作关系，同时要求"加大对重大项目、重点工程、特色优势产业、战略性新兴产业和与周边国家互联互通重点基础设施项目的融资支持"[③]。云南的昆明、文山、红河、保山、西双版纳、临沧、普洱、怒江、德宏以及广西的南宁、钦州、北海、防城港、百色和崇左纳入了沿边金融综合改革试验区。该方案的出台不仅将对云南和广西沿边市州的经济发展起到重要推动作用，而且对云南和广西加强与东盟国家的金融、保险合作提供了新的政策支持。

《沿边金改方案》出台后，云南和广西两省区的各级政府和金融办纷纷制订了系列相关方案和文件，对金融综合改革试验区进行全面规划和布局，打造面向东盟的金融开放门户。2013年12月出台的《云南省人民政府关于建设沿边金融综合改革试验区的实施意见》（云政发〔2013〕158号），部署了云南省推进试验区建设重点任务

---

① 《云南省人民政府关于金融支持服务桥头堡建设的指导意见》（云政发〔2011〕202号），2011年10月。

② 陈俊宏：《"一带一路"下中国—东盟区域金融合作研究——以人民币东盟区域化为例》，《区域金融研究》2018年第12期，第55页。

③ 《云南省广西壮族自治区建设沿边金融综合改革试验区总体方案》，2013年11月。

36 项，结合云南实际需要制定 28 个实施细则和 2014 年重点突破的 40 项任务。2014 年的 40 项重点突破任务就包括争取富滇银行筹建中老合资银行尽快开业、开展个人跨境人民币业务试点、争取泰京银行昆明分行开办人民币业务、争取在东盟和南亚国家与试验区开展人民币双向贷款试点、支持与东盟和南亚国家人民币融资合作等工作。2014 年 1 月，广西区政府出台了《关于建设沿边金融综合改革试验区的实施意见》，涵盖 10 项重点工作内容、53 条具体工作措施，提出用 5 年时间建立与中国—东盟自贸区升级版相适应的多元化现代金融体系。[1] 广西金融办随后相继出台了《广西沿边金融综合改革试验区金融生态环境建设总体方案》《广西沿边金融综合改革试验区个人跨境贸易人民币业务管理办法》《广西沿边金融综合改革试验区跨境人民币贷款业务试点管理办法》《广西沿边金融综合改革试验区金融服务同城化总体方案》等文件。[2] 被纳入沿边金融综合改革试验区建设范围的沿边州市也根据本地情况，制订了相应的实施方案。例如，文山州制订了《文山州人民政府关于建设沿边金融综合改革试验区实施方案》（文政发〔2014〕46 号），钦州下发了《钦州市人民政府关于建设钦州沿边金融综合改革试验区的实施方案》（钦政发〔2015〕49 号）。

人民币与周边缅甸、老挝、柬埔寨、泰国、越南等东盟国家货币的报价平台和兑换平台在沿边金融综合改革试验区相继建立。人民币与部分东盟国家货币的兑换机构实现了从无到有的突破。2014 年 4 月在东兴市成立了中国农业银行中国（东兴试验区）东盟货币业务中心，对外办理人民币与越南盾兑换业务，首次实现了人民币对越南盾的直接报价兑换。2015 年 3 月，全国首个中缅货币兑换中心在云南瑞丽市成立，为人民币和缅币兑换提供了一条正规渠道。该货币兑换中心下辖天津渤海通汇、瑞丽大通、瑞丽台丽、云南亚盟等 4 家特许货币兑换机构。4 家特许兑换机构每天根据人民币对缅币汇率的波

---

[1] 广西壮族自治区人民政府：《关于建设沿边金融综合改革试验区的实施意见》（桂政发〔2014〕3 号），2014 年 1 月。

[2] 云倩、黄志勇、雷小华：《广西沿边金融综合改革试验区建设面临的问题及对策建议》，载黄志勇主编《广西沿边地区开发开放报告》，广西人民出版社 2014 年版，第 73 页。

动情况报价，最后形成人民币对缅币的中间指导价，并由中缅货币兑换中心公布，对外称"瑞丽指数"。① 2015年6月13日，中国农业银行泛亚业务中心正式揭牌运营，搭建人民币对周边国家货币报价平台。② 泛亚业务中心持续发布越南盾和老挝基普汇率，并成立了磨憨和河口分中心。2017年，广西推动人民币对柬埔寨瑞尔在广西银行间市场挂牌交易。

针对边民参与互市贸易活动，广西推出了"边民卡""边民贷"等创新金融产品，并将原本只在东兴试点的个人跨境贸易人民币业务扩大到整个试验区。积极引进第三方支付机构，鼓励第三方支付机构开展人民币跨境支付业务。中国和东盟国家银行间的跨境现钞调运也不断实现新突破，本外币现钞调运渠道不断拓宽。2017年8月，广西实现首笔越南盾现钞通关入境。2018年5月，中老双边首条现钞调运通道正式建立，中老两国本外币现钞调运取得历史性突破。云南还搭建了两个越南盾现钞直供平台和西南地区第一条泰铢现钞直供平台。

经过近6年的沿边金融改革综合试验区建设实践，广西和云南将沿边金融、地方金融和跨境金融相结合，积累了丰富的金融改革经验，不仅有利于促进本地与东盟日后的金融合作，也有效地促进了中国与东盟的资金融通。

三 设施联通

基础设施互联互通是开展和便利中国与东盟国家之间经贸往来和人文交流的物质保障。20世纪90年代初以来，中国和东盟国家持续推进基础设施互联互通，逐步建构起涵盖陆海空和能源管网的立体交通基础设施通道。地方的积极参与有效促进了中国与东盟的基础设施互联互通，地方也从中国—东盟基础设施互联互通的改善中不断受益。

---

① 刘方、丁文丽、林昱清：《人民币与东盟少数国家货币直接兑换的现状及政策建议》，《海南金融》2016年第10期，第76页。
② 米萌：《云南沿边金融开放下跨境金融合作研究》，硕士学位论文，云南财经大学，2016年，第30页。

（一）中国—东盟设施联通规划

在区域、次区域或双边合作框架下，有着诸多中国和东盟国家间的基础设施互联互通规划，主要涉及与东盟国家交界的广西、云南等沿边地区。广西、云南、重庆等省区（市）也在不同时期根据中国—东盟合作及自身发展的需要提出了加强与东盟国家互联互通的地方方案和具体项目。

1. 亚洲公路网和铁路网

为促进亚洲内部及亚洲与周边地区之间的交通基础设施互联互通，亚太经社会成员国分别于2005年7月和2006年11月签署了《亚洲高速公路政府间协定》和《亚洲铁路网政府间协定》，对发展亚洲公路网和铁路网进行了规划。连接中国和东盟国家的主要有亚洲1号公路、3号公路、14号公路以及泛亚铁路网的南部通道和东盟通道。根据相关规划，亚洲1号公路从中国东北南下，经广西友谊关出境到越南，再依次经过柬埔寨、泰国和缅甸；亚洲3号公路从云南磨憨出境到老挝波乔，之后进入泰国；亚洲14号公路从越南海防出发，经老街入境云南河口，北上至昆明后又南下从瑞丽出境到缅甸。[①] 南部通道以中国南部为起点，途经缅甸、印度、伊朗等国到达土耳其；东盟通道分为东线、中线和西线：东线由新加坡经吉隆坡、曼谷、金边、胡志明市、河内到达云南昆明及广西南宁；中线由新加坡经吉隆坡、曼谷、万象、尚勇，到达云南昆明；西线方案由新加坡经吉隆坡、曼谷、仰光，从云南瑞丽入境到达昆明。[②] 在亚洲公路网和铁路网规划中，云南是联通中国与东盟国家的主要交通枢纽。

2. 湄公河次区域交通发展规划

按照交通运输网络的总体布局，大湄公河次区域经济走廊分为南北经济走廊、东西经济走廊和南部经济走廊。南北经济走廊分为东、中、西三线，东线走向为南宁—越南河内；中线走向为昆明—红河—越南河内—海防；西线走向为昆明—西双版纳—老挝—泰国曼谷。东西经济走廊覆盖缅甸毛淡棉至泰国中部、越南中部地区。南部经济走

---

① 参见《亚洲公路网政府间协定》，联合国，http://www.un.org/chinese/documents/decl-con/docs/XI_B_34.htm。

② *Intergovernmental Agreement on the Trans-Asia Railway Network*，联合国亚太经社会，http://www.unescap.org/ttdw/index.asp?MenuName=TheTrans-AsianRailway。

廊走向为泰国曼谷—柬埔寨金边—越南胡志明市。① 2011 年底通过的《大湄公河次区域经济合作新十年（2012—2022）战略框架》提出了八大优先合作领域，包括继续加强公路、铁路等交通基础设施互联互通和推动大湄公河次区域经济走廊的发展。② 在大湄公河次区域经济走廊和铁路网规划中，作为主体参与省区的广西和云南都被视为连接中国和中南半岛国家的纽带。

2016 年 3 月启动的澜湄合作将互联互通与产能、跨境经济、水资源和减贫列为五个优先合作领域。《澜沧江—湄公河合作五年行动计划（2018—2022）》提出，要编制"澜湄国家互联互通规划"，对接《东盟互联互通总体规划 2025》和其他次区域规划，促进澜湄国家全面互联互通，推动铁路、公路、水运、港口、电网、信息网络、航空等基础设施建设与升级。该行动计划同时提出，"调动成员国地方政府参与澜湄合作，鼓励其参与澜湄合作具体项目"③。虽然澜湄互联互通规划尚未出台，但鉴于它将与其他区域、次区域合作交通基础设施建设规划对接，处于核心区的广西、云南等相关省区依然会在其中扮演重要角色。

3. "一带一路"倡议

《"一带一路"愿景与行动》将基础设施互联互通列为优先领域，倡导加强能源基础设施互联互通合作。在规划的 6 条经济走廊中，中国—中南半岛和孟中印缅经济走廊涉及中国与东盟国家之间的交通基础设施互联互通。

随着"一带一路"倡议在东南亚的实施不断推进，中国又和老挝、缅甸先后达成了共建中老经济走廊和中缅经济走廊的共识。2017 年 11 月，习近平主席访问老挝期间，两国领导人就建设中老经济走廊和中老命运共同体达成共识，并签署了《关于共同推进中老经济走廊建设的谅解备忘录》。2018 年 9 月，中缅两国政府正式签署关于共建中缅经济走廊谅解备忘录，提出共同推动铁路、公路、水运

---

① ADB, *Compendium of Transport Sector Operations in Southeast Asia*, November 2012, p. 1.

② ADB, *The Greater Mekong Economic Cooperation Program Strategic Framework* (2012 - 2022), 2011.

③ 《澜沧江—湄公河合作五年行动计划（2018—2022）》，2018 年 1 月。

等领域合作,优先推进瑞丽/木姐—曼德勒、曼德勒—内比都—仰光、内比都—皎漂段铁路和公路项目,积极推动中缅电力联网项目。在2019年5月召开第二届"一带一路"高峰论坛期间,中国与老挝、缅甸、泰国达成了一系列相关合作协议。中国国家发改委与老挝计划投资部签署了中老经济走廊合作文件,与缅甸计划与财政部签署了中缅经济走廊合作规划和早期收获清单。中国中铁股份有限公司向缅甸交通与通信部递交了中缅人字形经济走廊涵盖的木姐—曼德勒铁路项目的可行性研究报告(技术部分)。要特别指出的是,云南是中老经济走廊和中缅经济走廊的北端起点。

4. 东盟互联互通总体规划

东盟分别于2010年和2016年颁布了《东盟互联互通总体规划》(*Master Plan on ASEAN Connectivity*)和《东盟互联互通总体规划2025》(*Master Plan on ASEAN Connectivity* 2025)。规划中的昆明—新加坡铁路被列为重点和优先项目。

昆明—新加坡铁路包括东线(昆明—越南河内—柬埔寨—泰国—马来西亚—新加坡,另有连接老挝和越南的支线)和西线(昆明—缅甸腊戍—泰国—马来西亚—新加坡)。[①] 目前,昆明—新加坡铁路还有一些缺失段,集中在老挝、柬埔寨、泰国和越南境内。《东盟互联互通总体规划》提出在最大程度上调动经济资源,争取外部技术援助,在2020年完成所有缺失段的建设。昆明—新加坡铁路建成后,云南内联中国腹地、外联东盟多国的交通枢纽地位将会得到进一步提升。

5. 地方倡议

在中国—东盟推进互联互通的大背景下,地方政府,尤其是沿边的云南和广西,均利用地缘优势将与东盟的互联互通纳入了地方发展规划。

(1)云南与东盟互联互通的相关规划

截至2018年,云南拥有国家一类口岸16个,二类口岸17个,边境互市通道94个,边境互市点111个,并且初步形成了通往东盟

---

① ASEAN, *Master Plan on ASEAN Connectivity*, 2010, p.14.

国家的国际大通道。① 云南"十三五"规划及相关交通规划的出台，为云南参与中国—东盟互联互通勾画了近期的蓝图。

陆路方面，云南"十三五"规划提出建设 7 条连接中国与东盟国家的出境交通经济走廊，即昆明—保山—腾冲猴桥、昆明—临沧—孟定（清水河）、昆明—景洪—勐海（打洛）、昆明—思茅—澜沧—孟连（勐阿）4 条通往缅甸的交通走廊，昆明—墨江—江城（勐康）通往老挝的交通走廊以及昆明—文山—麻栗坡（天保）和昆明—蒙自—金平（金水河）2 条通往越南的交通走廊。② 这些走廊包括建设多条出境铁路和公路，并形成以昆明为中心，连接周边东盟国家和中国内陆广大腹地的交通网。

水运方面，云南提出建设澜沧江—湄公河国际航运、中越红河水运通道、中缅陆水联运 3 条出境水运通道。2014 年 1 月，《云南省水路交通发展规划（2014—2030 年）》再度对云南与周边国家的水运互联互通进行了规划，"争用 15—20 年的时间，全面建成澜沧江—湄公河、红河、中缅伊洛瓦底江陆水联运互联互通出境主通道"③。其中，澜沧江—湄公河已开通航运。

云南是中国与东盟国家能源和通信管网互联互通的实践主体省份，也是重要受益者。在"十三五"规划中，云南提出要建成国家重要的区域能源互联互通枢纽。继续打造跨区域电力交换枢纽，加快与周边、邻近国家的跨区域电力联网，依托大湄公河次要的电力资源，建设中国面向南亚东南亚的电力交易中心；依托中缅油气管道，建成国家西南国际经济合作圈油气国际大通道。继续推进与周边国家多个运营商开展网络互通建设，推进中国移动中老国际光缆建设项目、中国联通中缅国际光缆建设项目和中国电信中越国际光缆建设项目，将与缅甸、老挝和越南的电信运营商互联传输系统扩容到 10G 通道容量。④ 中南半岛的东盟国家是云南能源管网的主要合作对象。

---

① 屠年松、屠琪珺：《中国与东盟国家和谐关系论》，中国经济出版社 2018 年版，第 238 页。
② 《云南省国民经济和社会发展第十三个五年规划纲要》，2016 年 4 月。
③ 云南省交通运输厅：《云南省水路交通发展规划（2014—2030 年）》，2014 年 4 月。
④ 参见《云南省国民经济和社会发展第十三个五年规划纲要》，2016 年 4 月。

(2) 广西与东盟互联互通的相关规划

广西坚持交通优先战略，加快推动与东盟国家的基础设施互联互通建设，加快出海、出边、出省大通道建设。争取建成以南宁国际综合交通枢纽为中心，以海港、空港、边境口岸为龙头，以泛北部湾海上、中国南宁—新加坡陆路和南宁通往东盟国家航空三大通道为主轴的出海出边国际大通道体系。[1] 作为中国唯一与东盟国家海陆相交的省区，广西在发展与东盟国家的互联互通上具有得天独厚的区位优势。

南宁—新加坡走廊，即南新通道，是广西提出的与东盟交通基础设施互联互通的较早地方性倡议。南宁—新加坡经济走廊可以细化为北线、中线和南线三条线路。北线途经南宁、河内、荣市、他曲、那空帕农、孔敬、曼谷、槟城、吉隆坡、新加坡10个重要城市，全程约3800公里；中线途经南宁、河内、东河、沙湾那吉、孔敬、曼谷、吉隆坡、新加坡，全程约3900公里；南线途经南宁、河内、胡志明市、金边、曼谷、吉隆坡、新加坡，全程约5100公里。[2] 从规划上看，南宁—新加坡经济走廊贯穿了广西及东盟部分中南半岛和海岛国家。在其"十三五"规划中，广西提出参与的"一带一路"重点工程中，将中国—中南半岛经济走廊冠以"以南宁—新加坡经济走廊为主轴"的定语。

广西也将与东盟的互联互通纳入了本区的"十三五"规划。广西的"十三五"发展规划提出要加强与东盟的陆路及海上互联互通，"以北部湾区域性国际航运中心为依托，面向东盟及21世纪海上丝绸之路国家，建设海上东盟通道；以南崇经济带为依托，推进连接越南、老挝、柬埔寨、泰国、马来西亚、新加坡等中南半岛国家的跨境铁路、公路建设，建设陆路东盟通道"[3]。在其"十三五"规划中，广西将自身定位为衔接"一带"和"一路"的枢纽，推动形成贯通

---

[1] 雷小华：《中国沿海沿边内陆地区构建对东盟开放型经济分析——以广东、广西、云南、四川为例》，《东南亚纵横》2013年第3期，第53页。

[2] 戴兵、黄聪：《推进南宁—新加坡经济走廊建设研究》，载黄志勇等主编《"一带一路"总抓手——中国与周边国家互联互通战略研究》，广西人民出版社2016年版，第164页。

[3] 《广西壮族自治区国民经济和社会发展第十三个五年规划纲要》，2016年2月。

中国西部地区与中南半岛、衔接"一带一路"的南北陆路新通道。北上通道以南宁为枢纽，经贵阳、重庆、成都、西安、兰州、乌鲁木齐等国内城市，连接丝绸之路经济带；南下通道从南宁至越南、老挝、柬埔寨、泰国、马来西亚、新加坡等中南半岛国家，连接海上丝绸之路。可以看出，广西规划的南下通道和北上通道与后文将提及的陆海国际贸易新通道中的铁海联运走向一致。

2016年6月，广西又专门出台了《广西构建面向东盟国际大通道实施方案》，提出了与东盟互联互通的六项要务，即拓展海上国际大通道、完善陆路国际大通道、提升空中国际大通道、建设内河国际大通道、打造信息国际大通道和大力发展多式联运。

（3）国际陆海贸易新通道

国际陆海贸易新通道是以中新（出去）战略性互联互通示范项目框架下以重庆为运营中心，以重庆、广西、新加坡等为主要节点，有效连接中国与东盟国家的贸易通道。它的主要参与者除了新加坡之外，国内最初为重庆、广西、贵州和甘肃，后参与省区队伍不断扩大，但主要推动力量为重庆和广西。

2019年8月，中国国家发改委发布了《西部陆海新通道总体规划》，将西部陆海新通道定位为连接"一带"和"一路"的陆海联动通道，促进"一带一路"规划下的中国—中南半岛、孟中印缅、新亚欧大陆桥、中国—中亚—西亚等经济走廊的互动发展。根据该规划，重庆经贵阳、南宁至北部湾出海口（北部湾港、洋浦港），自重庆经怀化、柳州至北部湾出海口，以及自成都经泸州（宜宾）、百色至北部湾出海口三条通路，共同形成西部陆海新通道的主通道；贵阳、南宁、昆明、遵义、柳州等均处于核心覆盖区内；兰州、西宁、乌鲁木齐、西安、银川等西北城市组成辐射延展带。[1]该规划同时还提出，要加强连接口岸交通建设，推动与境外交通基础设施的互联互通。中南半岛的越南、老挝、柬埔寨、缅甸、泰国、马来西亚、新加坡等东盟国家将是西部陆海新通道对外联通的重要目标。

目前，国际陆海贸易新通道取得较快进展的路线是从重庆出发经

---

[1] 《国家发改委关于印发〈西部陆海新通道总体规划〉的通知》（发改基础〔2019〕1333号），2019年8月。

贵州，到广西北部湾转海运前往新加坡的铁海联运。但事实上，拟定的国际陆海贸易新通道路线并非只有铁海联运，还包括跨境公路联运和跨境铁路联运，[①] 利用西南地区铁路网络，通过凭祥、磨憨等沿边口岸，与中国和东盟国家正合作建设的泛亚铁路网络衔接，形成高效连通中南半岛的联运网络。[②]《西部陆海新通道总体规划》提出，做好与澜沧江—湄公河、中越陆上基础设施等合作机制的衔接，重点建设中老铁路。广西和云南面向东盟国家的防城港（东兴）、崇左（凭祥）、德宏（瑞丽）、红河（河口）、西双版纳（磨憨）等边境口岸都被列为未来的物流枢纽。只要铁海联运、跨境公路联运和国际铁路联运中的任何一条路线得到有效推进，都意味着中国与东盟之间的交通基础设施互联互通水平又有所提升。

（二）中国—东盟基础设施联通进展

在中国和东盟国家的努力以及央地政府的共同参与下，中国与东盟之间的基础设施互联互通不断取得新的进展，逐步形成涵盖陆水空、信息、能源管网的立体网络。

陆路方面，经友谊关、东兴、龙邦、瑞丽、河口、磨憨等多个口岸可从广西和云南入境越南、缅甸和老挝。连接中国、老挝和泰国的昆曼公路于2008年12月正式通车，并在2013年12月会晒大桥投入使用后实现了一路畅通。2019年3月，中越北仑河二桥启用，进一步提升了中国东兴—越南芒街的通关便利化。2016年12月，从云南磨憨出境至老挝磨丁，南下直抵老挝首都万象的中老铁路全线开工建设。中老铁路采取特许经营的方式，由中老双方共同成立的合资公司——中老铁路有限公司进行特许经营。老挝占30%，中国占70%股权（其中云南省政府占10%）。截至2019年4月中旬，中老铁路累计完成投资129.2亿元，占项目总投资的34.5%。全线15座隧道贯通，两座跨湄公河、楠科内河等特大桥主体结构完成；全线185段

[①] 杨祥章、郑永年：《"一带一路"框架下的国际陆海贸易新通道建设初探》，《南洋问题研究》2019年第1期，第13页。

[②] 陈钧、杨骏：《中新（重庆）战略性互联互通示范项目管理局解析"渝黔桂新"南向通道六大意义》，《重庆日报》2017年9月26日第3版。

路基工程基本成型,初具规模的中老铁路已横亘于中南半岛腹地。①按照原定开发计划,中老铁路将与中泰合作建设的泰国境内铁路连接在一起。中泰铁路从与老挝一河之隔的廊开经曼谷到罗勇,将是泰国第一条标准轨铁路。2017年12月,中泰铁路项目一期(曼谷至呵叻路段)已经开工建设。第二届"一带一路"高峰论坛期间,中国国家发改委与泰国交通部、老挝公共工程与运输部签署了政府间合作建设廊开—万象铁路连接线的合作备忘录。

水运方面,2000年,中国、老挝、缅甸和泰国签署了航运协议,于次年正式开通了澜沧江—湄公河国际航运。为提升航道通行能力,中国政府提供了500万美元资金,于2002—2004年间对澜沧江—湄公河航道实施了初步整治(一期),安设了航行水尺和永久性航标,但部分航道处于天然状态,难以适应航运不断发展的要求。为此,中老缅泰四国拟开展澜沧江—湄公河航道二期整治。2016年4月,澜沧江—湄公河航道二期整治的前期工作正式启动,包括开展外业勘测以及环境和社会影响评价等内容。中国与东盟国家的港口合作在持续深化。中国的主要港口与东盟国家的主要港口建立了密集的航线网络。2009年广西的北海港、钦州港和防城港整合成北部湾港后,广西开始致力于推动建设中国—东盟港口城市联盟,拟形成以钦州为基地、覆盖东盟国家47个主要港口的合作网络。

能源管网方面,中缅油气管道建成投运,成为继中哈原油管道、中亚油气管道和中俄原油管道之后中国与周边国家的第四条油气进口战略通道。2001年,云南通过10千伏的勐腊—那磨线路向老挝北部4省输送电力,拉开了中国向周边东盟国家输送电力的序幕。目前,中国已建成了5条对越送电线路,河口—老街110千伏线路、猫猫跳—河江110千伏线路、新桥—老街220千伏线路、文山—河江220千伏线路以及广西东兴—越南广宁芒街110千伏线路。广西电网公司正积极开展以110千伏电压多点向越南送电的研究,与越方共同探讨广西向越南谅山、高平等边境口岸110千伏送电的可行性。② 云南在

---

① 《中铁总:加强中老铁路廉洁建设 护航"一带一路"标志工程》,2019年4月22日,央广网(http://news.cnr.cn/dj/20190422/t20190422_524586686.shtml)。

② 林智荣、张崇文:《广西对越互联互通建设研究》,载黄志勇等主编《"一带一路"总抓手——中国与周边国家互联互通战略研究》,广西人民出版社2016年版,第265页。

对外送电的同时，于 2008 年 12 月和 2010 年 8 月先后开始从缅甸瑞丽江一级水电站和太平江一级水电站回购电力。2003 年，中国与东盟签署了《中国—东盟信息通讯技术合作谅解备忘录》，此后于 2007年、2013 年和 2018 年先后 3 次续签。2007 年成立的昆明区域国际交换中心是中国第四个国际出口局，也是中国唯一指定参与 GMS 信息高速公路合作的中方运营商，负责云南与柬埔寨、缅甸、老挝、泰国和越南的国际语音业务。截至 2018 年底，中国与缅甸、老挝、越南等东盟国家间已有十余条跨境陆路光缆，并在国际海缆共建上不断加强合作。

第二节 人文交流领域

民心相通是中国—东盟合作的社会根基，人文交流是民心相通的主要途径也是除政治安全和经济贸易之外中国与东盟合作的第三支柱。文化是中国外交的新工具，文化外交是提升中国国际软实力的重要途径之一。[①] 在人文交流领域，中国地方的参与形式最为丰富多样，教育、友好城市和文旅合作是地方开展对东盟人文交流的重点。

一 教育合作

教育是人文交流的重要载体，高校是地方参与中国—东盟教育合作的主力。中国地方省区高度重视与东盟国家开展教育合作，培育东盟来华留学生，部分地方设立了省级政府奖学金，鼓励东盟学子到本地高校留学。与此同时，地方在建设东盟国家的孔子学院/孔子课堂和中国高校分校中发挥着积极作用。

（一）教育合作中的"引进来"

1. 培养东盟来华留学生

国家形象是"自我形象"和"他我形象"的合成体，我们除了要

[①] Hongyi Lai, "China's Cultural Diplomacy: Going for Soft Power", in Hongyi Lai and Yiyi Lu eds., *China's Soft Power and International Relations*, London and New York: Routledge, 2012.

通过传统的外交途径来向东盟国家民众展示良好的"自我形象"外，还要积极培育"他我形象"。东盟来华留学生群体"他者镜像"的传播在弘扬中华文化、传播中华文明、展现中国形象、解读中国政策等方面具有不可替代的重要作用。① 随着中国总体国力的增强和中华文化的对外传播，中国已成为全球主要留学目的地之一，东盟国家则是来华留学生的主要来源地。据教育部统计，2016—2018年来华留学人员数量按国别排序，位列前10的国家中，每年都有3个是东盟成员国。其中，泰国来华留学生数量在这3年中一直稳居前3（见表3-6）。

表3-6　　　　　2016—2018年来华留学人员数量前10国

排名＼年份	2016	2017	2018
1	韩国	韩国	韩国
2	美国	泰国	泰国
3	泰国	巴基斯坦	巴基斯坦
4	巴基斯坦	美国	印度
5	印度	印度	美国
6	俄罗斯	俄罗斯	俄罗斯
7	印度尼西亚	日本	印度尼西亚
8	哈萨克斯坦	印度尼西亚	老挝
9	日本	哈萨克斯坦	日本
10	越南	老挝	哈萨克斯坦

资料来源：笔者根据教育部网站数据整理。

部分来华留学的东盟学子获得了中国中央和地方政府的奖学金资助。中国中央政府奖学金是专门用于资助国外优秀学生、学者到中国的大学学习和开展研究的专项资金，其招录和管理由中国国家留学基金委负责，但具体培养工作由全国279所（截至2019年3月）高校承担。根据2010年召开的首届中国—东盟教育部长圆桌会达成的共

---

① 方宝：《近十五年东盟国家来华留学生教育的变化趋势研究：基于1999—2013年相关统计数据的分析》，《比较教育研究》2015年第1期，第77页。

识，中国又设立了中国—东盟奖学金，连续10年每年为东盟国家提供1万个奖学金名额。为吸引包括东盟在内的周边地区留学生源，部分省区也设立了形式多样的地方性奖学金。云南在2004年设立了国内首个面向周边国家留学生的省级政府奖学金。广西2007年先后设立了面向老挝和柬埔寨留学生的奖学金，2011年将区政府奖学金涵盖面扩大到全部东盟国家。南宁市也在2011年设立了市级东盟国家留学生奖学金。[①] 贵州从2008年开始与外交部、教育部一起联合主办中国—东盟教育交流周，截至2019年7月，已成功举办12届。2015年3月出台的《"一带一路"愿景与行动》将"民心相通"列为五大合作重点内容之后，贵州于2016年在外国留学生奖学金项下设立了中国—东盟海上丝绸之路奖学金项目。此外，还有职业教育奖学金项目。例如，天津2015年设立了泰国职业教育奖学金，委托泰国海上丝路孔子学院进行招生，截至2019年初，已资助100余名泰国学生到天津学习。

地方对东盟留学生的培养并不仅限于大专院校。在中缅边境地区，还有一批在瑞丽银井小学、姐告国门等学校接受义务教育的缅甸"小留学生"。据统计，云南德宏州有4000多名缅甸中小学生，他们和中国学生一样享受义务教育和免费的营养餐，费用由地方财政承担。[②] 这种"一视同仁"的教育理念是"和平跨居"的真实写照，有助于文化融合与边境稳定和谐。[③]

2. 中国—东盟教育培训中心

为促进中国与东盟之间的人文交流与合作，为东盟国家培养经济社会发展所需人才，2011年以来，中国分两批建设了30个中国—东盟教育培训中心。中国—东盟教育培训中心分布在多个省（区、市），经中国外交部和教育部共同确定和批准后，由地方高校具体承建并开展形式和专业多样的人才培养活动。

---

① 杨祥章：《我国地方政府参与中国—东盟合作的动力、进程与特点》，《和平与发展》2018年第4期，第102页。

② 资料来源为笔者2019年7月11日赴云南德宏州政府、瑞丽边合区管委会、瑞丽口岸等调研所得。

③ 乔纲：《从"和平跨居"文化模式看瑞丽市跨境民众地区教育现状》，《文山学院学报》2015年第1期，第44—47页。

2011年10月，中国时任总理温家宝在第14次中国—东盟领导人会议暨中国—东盟建立对话关系20周年纪念峰会上提出，中方愿意设立10个面向东盟国家的职业教育培训中心。首批10个中国—东盟教育培训中心分别落户到四川、福建、广西、贵州和云南6个省区。其中，仅广西就获批设立了4个。2014年11月，李克强总理在第17次中国—东盟领导人会议上提出，增设第二批中国—东盟教育培训中心。第二批中国—东盟教育培训中心数量增加到20个，分布的省区也扩大到北京、天津、吉林、山东、上海、浙江、江苏、广东、福建、贵州、云南、海南等12个省、市（见表3-7）。

表3-7　　　　中国—东盟教育培训中心承办单位统计

批次	承办单位	所在省（区、市）
第一批（10个）	成都中医药大学	四川
	福建师范大学	福建
	广西大学	广西
	广西民族大学	
	广西财经学院	
	广西艺术学院	
	贵州电力职业技术学院	贵州
	哈尔滨职业技术学院	黑龙江
	云南农业大学	云南
	云南省科学技术情报研究院	
第二批（20个）	外交学院	北京
	中国传媒大学	
	北京中医药大学	
	天津中医药大学	天津
	天津职业技术师范大学	
	东北师范大学	吉林
	吉林大学	
	中国海洋大学	山东
	中国石油大学	
	华东师范大学	上海

续表

批次	承办单位	所在省（区、市）
第二批（20个）	浙江师范大学	浙江
	南京农业大学	江苏
	扬州大学	
	华南理工大学	广东
	中山大学	
	厦门大学	福建
	贵州大学	贵州
	云南大学	云南
	云南民族大学	
	琼州学院	海南

资料来源：笔者根据相关报道整理。

各中国—东盟教育培训中心结合自身地缘、学科、师资等方面的优势，为东盟国家培养多种类型的专业人才，有效促进了中国与东盟国家之间的人文交流与合作。例如，云南民族大学成立了"云南民族大学国际职业教育基地"，具体负责中国—东盟教育培训中心的各项工作，并结合云南毗邻老挝、缅甸和越南的地缘，先后在瑞丽、麻栗坡、勐腊、孟定、镇康、沧源、孟连和腾冲等沿边县市成立了8个培训中心和基地，对进出口岸的老挝、缅甸和越南籍经商务工人员进行使用汉语、中国法律法规、卫生健康与疾病预防、职业技能技术等方面的国际职业教育培训，截至2019年初，已为1.7万名多外籍劳工提供了相关培训。[①] 此外，中国传媒大学承建的中国—东盟教育培训中心已成为中国和东盟之间最大的媒体人才教育培训平台。

（二）教育合作中的"走出去"

如果说"引进来"的东盟来华学历教育和职业培训的受众面不够广，那么教育"出海"到东盟国家建设孔子学院和直接办学则为东盟国家更多民众提供了体验中国文化的机会。

[①] 高兴林：《国际职业教育助力"一带一路"教育行动——以云南民族大学中国—东盟教育培训中心为例》，《世界教育信息》2019年第4期，第31页。

1. 建设孔子学院

孔子学院是中国软实力在向外传播过程中最引人注目的项目。[①] 孔子学院致力于适应世界各国（地区）人民对汉语学习的需要，增进世界各国（地区）人民对中国语言文化的了解，加强中国与世界各国教育文化交流合作，发展中国与外国的友好关系，促进世界多元文化发展，构建和谐世界。[②] 从 2004 年在韩国设立首家孔子学院以来，孔子学院/课堂已经遍布全球 150 多个国家（地区）。

截至 2019 年 12 月，中国在除文莱之外的 9 个东盟国家设立了 40 所孔子学院，18 个孔子课堂（参见附录表 3 "东盟国家孔子学院/孔子课堂统计"）。缅甸尚无孔子学院，但已建成 3 个孔子课堂，分别由华侨大学与曼德勒福星语言与电脑学苑（2008 年 2 月启动）、云南大学与曼德勒福庆语言电脑学校（2008 年 2 月启动）、云南师范大学与仰光缅甸东方语言与商业中心合作办学（2013 年 11 月启动）。从孔子学院/课堂在东盟国家的分布数量看，泰国均首屈一指，共有 16 个孔子学院，11 个孔子课堂。此外，现有的 40 所孔子学院中，有两所以海上丝路命名，分别是天津师范大学与博仁大学共建的海上丝路孔子学院、大理大学与帕那空皇家大学共建的海上丝路·帕那空皇家大学孔子学院，均位于泰国。

尽管开设孔子学院、传播中国语言文化是一项国家努力，但孔子学院的办学方式是由具体的中外方学校共同承办，其中涉及诸多地方性努力，特别是地方政府对地方高校的人力、财力支持。[③] 地方高校作为共建单位，在管理、师资和教学上为孔子学院提供人员、技术和资金支持。事实上，中国的地方高校往往是东盟国家孔子学院的建设发起者，在东盟国家寻找到有意向合建孔子学院的高校后，再向孔子学院总部/国家汉办提出申请。目前，东盟地区 40 所孔子学院的中国国内共建高校共来自 18 个省（区、市），主要分布在广西、福建、天津、云南、北京、重庆、江西等地。其中，广西高校参与建设了 8 所孔子学院，数量最多（见表 3-8）。

[①] 丁学良：《中国的软实力和周边国家》，东方出版社 2014 年版，第 79 页。
[②] 《孔子学院章程》，孔子学院总部/国家汉办，http://www.hanban.org/confuciousinstitutes/node_7537.htm。
[③] 张春：《地方参与中非合作研究》，上海人民出版社 2015 年版，第 174 页。

表3-8　　　　　　　地方参与建设孔子学院数量统计

省（区、市）	孔子学院参建数量（所）	省（区、市）	孔子学院参建数量（所）
广西	8	海南	1
福建	6	四川	1
天津	4	湖北	1
云南	3	上海	1
江西	3	山东	1
北京	2	陕西	1
重庆	2	浙江	1
河北	2	湖南	1
广东	1	河南	1

资料来源：笔者根据中国汉办官网统计整理，http://www.hanban.org/。

2. 东盟办学

地方高校与东盟国家教育合作"走出去"的另外一种模式是结合东盟国家的实际需求，直接在东盟国家创办高校或设立分校。这些高校努力的背后，或多或少都有地方政府的支持，并对深化中国—东盟教育合作、促进中国与东盟国家的民心相通具有重要意义。

2011年成立的老挝苏州大学是中国政府批准在海外设立的第一所高等学府，也是老挝政府批设的第一所外资大学。老挝苏州大学参照中国高校标准和模式，在提供本科教育的同时开展中文及其他各类高级技能培训，面向老挝及中南半岛区域招收各类学生。[①] 老挝苏州大学的毕业生可同时获得中老两国的文凭。2016年，老挝苏州大学首批22名本科毕业生，获得中老两国文凭。苏州大学既是老挝苏州大学的投资方，也是它的合作者。2017年10月，苏州大学成立了"一带一路"研究院（老挝研究中心），与老挝苏州大学合作共同促进中老民心相通。老挝苏州大学的生源数量并不大，但开创了中国高校走出去办学并与国内高校研学合作的新模式。

厦门大学在马来西亚雪兰莪州设立分校，开辟了中国与东盟国家

---

① 老挝苏州大学官网，http://laowo.suda.edu.cn/jxbj/list.htm。

高等教育合作的新途径。2012年4月，马来西亚政府向中国政府表示，希望厦门大学在马来西亚建立分校。2013年1月，马来西亚正式邀请厦门大学在马来西亚设立分校。2013年10月，在习近平主席的见证下，中马签署了设立厦门大学马来西亚分校的协议。2016年，厦门大学马来西亚分校招收首批学生。厦门大学马来西亚分校是中国第一所设立在海外的知名大学分校，生源来自中国及包括东盟国家在内的近20个国家。

云南也在不遗余力地推进与东盟国家教育合作。云南大学与缅甸曼德勒福庆孔子课堂于2016年9月29日达成共建云南大学中缅职业技术学院的合作意向并签署合作意向书。成立云南大学中缅职业技术学院是双方针对缅甸对高质量职业教育需求旺盛但职业教育能力薄弱等实际情况，开展的实质性合作。2017年9月29日，云南大学中缅职业技术学院在缅甸挂牌正式成立，并开始招生。

二　友城网络

《"一带一路"愿景与行动》在民心相通部分提出，"开展城市交流合作，欢迎沿线国家重要城市之间互结友好城市，以人文交流为重点，突出务实合作，形成更多鲜活的合作范例"[1]。对中国与东盟合作而言，地方城市间的国际交往也具有积极意义。

（一）中国—东盟友城现状

2014年，习近平主席在中国人民对外友好协会成立60周年大会上的发言中提出，要大力开展中国国际友好城市工作，促进中外地方政府交流。[2] 城市交往丰富了国家间关系和国家间交往的渠道和内容，可以巩固国家间交往的基础，推动国家间关系的良性发展。[3] 开展国际友城合作是地方扩大对外开放和参与中国—东盟合作的有效渠道。地方参与中国—东盟合作的历程也见证了中国—东盟友城关系网络越织越密。

---

[1] 中国国家发改委、外交部、商务部：《推动共建丝绸之路经济带和21世纪海上丝绸之路的愿景与行动》，2015年3月。

[2] 习近平：《在中国国际友好大会暨中国人民对外友好协会成立60周年纪念活动上的讲话》，《人民日报》2014年5月16日第2版。

[3] 参见秦亚青等《国际体系与中国外交》，世界知识出版社2009年版，第395页。

与东盟国家城市结为友好城市，是中国地方密切与东盟国家人文交流的一个重要内容。1982年8月，杭州与菲律宾碧瑶结成友好城市，开启了中国与东盟共建友城关系的先河。截至2019年5月，中国大陆与东盟10国共结成近200对友好城市①（参见附录表4"中国大陆城市与东盟国家城市友城关系统计"）。在中国结好城市的推荐下，柬埔寨磅湛省、老挝琅勃拉邦、缅甸木姐、泰国清迈、印度尼西亚东爪哇、泰国普吉、泰国曼谷、老挝琅勃拉邦、马来西亚吉兰丹、柬埔寨金边和印度尼西亚西爪哇等分别获得中国国际友好城市联合会颁发的2014年、2016年和2018年对华友好城市交流合作奖。

国际友好城市已经成为地方对外开放和经济发展的重要平台。通过以友好城市为载体，地方积极推动高层互访，有力配合了国家总体外交。② 广西凭祥与越南谅山高禄县、广西东兴与越南芒街、云南昆明与缅甸曼德勒市、云南河口县与越南老街、云南普洱市与老挝丰沙里省、云南西双版纳州与老挝琅勃拉邦省、云南瑞丽和缅甸木姐之间均建立了友好城市关系，而这些城市之间在经济和人文上的来往也非常密切。

（二）中国—东盟友城关系特征

中国—东盟友城呈现出3个较为明显的特点。这些特点在一定程度上是对地方参与中国—东盟合作的侧面映射。

从结好时间上看，中国和东盟国家的友城关系的发展总体上与中国—东盟关系的发展保持一致，无论是友城结对数量还是参与结对的城市都随着中国—东盟合作的深入而逐渐增加。中国和东盟国家间的大部分友城关系是在2002年之后建立的，只有4对友城关系建立时间早于1991年，即杭州与菲律宾碧瑶（1982年8月）、广州与菲律宾马尼拉（1982年11月）、上海与菲律宾大马尼拉（1983年6月）、厦门与菲律宾宿务（1984年10月）。这表明，2002年以来，地方参与中国—东盟合作的积极性在提升。

从地域上看，绝大部分中国大陆省（区、市）都已经和东盟城

---

① 数据来源于中国国际友好城市联合会，http://www.cifca.org.cn。中国国际友好城市联合会的宗旨之一是加强友好城市之间在经济、科技、文化等方面的交流与合作。

② 福建省人民政府外事办公室：《以友城为纽带开展多领域的交流与合作》，《当代世界》2005年第3期，第57页。

市建立了或多或少的友城关系，但分布并不均衡。总体上，与东盟城市建立友城关系的中国城市主要分布在与东盟国家陆海相邻的省区。截至2019年5月，广西与东盟国家已结成54对友好城市；云南与东盟国家结成27对友好城市，广东与东盟国家结成13对友好城市；福建与东盟国家已结成12对友好城市；海南与东盟国家已结成10对友好城市。这5个省区与东盟国家结成的友好城市数量已超过中国与东盟友好城市总体数量的60%。浙江、黑龙江、贵州、甘肃、陕西等省与东盟国家的友好城市只有寥寥1—2对，而内蒙古、西藏、青海和新疆都尚未与东盟国家任何城市建立友城关系。此外，地缘和人缘因素对友城关系的影响也较为明显。云南只有3个东盟友城是海岛国家，其余24个均为邻近的中南半岛国家城市。广东和福建是东盟海岛国家华人华侨的主要来源地，其友城则多为东盟海岛国家城市。

从行政级别上看，中国与东盟已建立的友城关系涵盖省、市、县（区）三级。绝大部分友城关系是建立在平等的行政级别基础之上，但也存在特例。比如，广西百色市与柬埔寨贡布省、北海市与柬埔寨白马省、云南河口县与越南老街市等。这表明，中国和东盟地方间的合作或者说地方对中国—东盟合作的参与并不仅限于省级层面，而是覆盖了从省到市、县甚至乡镇和村整个垂直行政体系。这也是全球化下地方参与对外合作多层级化的缩影。

此外，地方参与中国—东盟合作日益受到中央政府的重视。2018年9月签署的中缅经济走廊谅解备忘录将地方合作列为重点。2020年1月，习近平主席访问缅甸期间，见证了两国多项合作协议的签署，其中包括云南与仰光建立友好省以及云南与曼德勒共建中缅经济走廊框架下的地方合作谅解备忘录。

三 文化交流

文化互鉴是人文交流的重要内容，是促进民心相通的重要途径。中国和东盟国家间的文化融合随着民众对精神食粮需求和追求的持续增长而不断加强。地方对中国—东盟文化合作的参与已经深深地融入到东盟国家中国文化中心的建设发展和日常的交流之中。

（一）建设中国文化中心

中国是四大文明古国之一，历史悠久，文化底蕴深厚。随着古代丝绸之路向外传播的不只是丝绸、瓷器等中国知名商品，还有中华文化。人口迁徙和移民进一步带动了中华文化在东盟地区的扩散。中国文化中心是中国中央政府派驻海外的官方文化机构。中国从20世纪80年代末开始在海外设立文化中心，首个中国文化中心设立在毛里求斯。中国文化中心对内由国家文化和旅游部国际交流与合作局和中外文化交流中心履行总部职能，对外接受驻在国使领馆文化处领导。[1] 设立在东盟国家的中国文化中心是中国文化在东盟地区新的传播机构和载体。中国文化中心通过组织策划举办涵盖艺术、教育、影视、出版、旅游、体育等各类文化活动，向驻在国宣介中国文化，从而促进中国与驻在国的文化交流合作，增进两国民众间的相互了解。2015年，中国国家文化部（尚未改组成文化和旅游部）、北京市委宣传部、北京市文化局和北京电视台合作拍摄了8集电视专题片《窗口：海外中国文化中心》，首次全景式展现了海外中国文化中心。[2] 长期以来颇为低调的海外中国文化中心开始受到越来越多的关注。

相对而言，设立在东盟国家的中国文化中心建设起步较晚。曼谷中国文化中心是设立在东盟国家的第一个中国文化中心。2007年12月17日，中泰两国政府共同签署了《中华人民共和国政府和泰王国政府关于互设文化中心及其地位的协议》。2010年11月11日，中国全国人大常委会委员长吴邦国与泰国国会主席猜·奇初共同为曼谷中国文化中心奠基，开启了曼谷中国文化中心的建设进程。2012年11月21日，中泰国两国时任总理共同出席了曼谷中国文化中心揭牌仪式。截至2019年6月，中国已在泰国、老挝、新加坡、柬埔寨、缅甸和越南设立了6个中国文化中心（见表3-9）。出席中国文化中心揭牌的领导人均属于高级别，其中中国国家主席习近平先后为设立在新加坡、柬埔寨和越南的中国文化中心揭牌。当然，中国文化中心揭牌或许只是为了配合该时段的国家领导人到访。这也进一步印证了中国文化中心在中国与东盟国家人文交流中的重要性。

除了形成每年的"欢乐春节"，中秋时节的"天涯共此时"等品

---

[1] 陈博谦、王子诺：《中国文化中心的海外传播路径：以曼谷为例》，《燕山大学学报》（哲学社会科学版）2019年第2期，第66页。

[2] 苗春：《〈窗口·海外中国文化中心〉：讲述外国人热爱中国的故事》，《人民日报海外版》2015年11月23日第7版。

牌活动外，文化和旅游部也形成了与各省市区合作的模式。① 为统筹优质资源，中国文化中心开展"部省（市）合作"，为各地的国际文化交流开辟了渠道，扩大了地方文化的影响，拓展了文化中心的资金来源和人员、技术支持。② 从 2011 年开始，在部省合作机制下，每个海外中国文化中心与一个国内省（区、市）进行为期一年的对口合作，开展以地方命名的文化年。例如，曼谷中国文化中心 2013 年以来先后举办了广西、河南、山东、安徽、湖北、天津等地方文化年系列活动。新加坡中国文化中心近年来举办了山东、重庆、安徽文化年系列活动。在文化年活动中，地方派出专家、艺术代表团等到海外中国文化中心开办讲座，表演具有地方特色的舞蹈、歌剧等，在传播中华文化的同时，无疑也是在提高地方知名度。

表 3-9　　　　　东盟国家中国文化中心统计

序号	所在城市	启用时间	揭牌领导人（时任职务）	备注
1	泰国曼谷	2012 年 11 月	中国国务院总理温家宝、泰国总理英拉共同为曼谷中国文化中心揭牌。	2013 年以来，依托部省合作机制，举办了广西、河南、山东、安徽、湖北、天津等文化年系列活动。
2	老挝万象	2014 年 11 月	中央书记处书记、中宣部部长刘奇葆与老挝人民革命党中央政治局委员、政府副总理潘坎共同为万象中国文化中心揭牌。	广西与万象中国文化中心共同承办了 2017 年欢乐春节庙会。
3	新加坡	2015 年 11 月	习近平主席与新加坡荣誉国务资政吴作栋共同为新加坡中国文化中心揭牌。	2016—2018 年，分别举办山东文化年、重庆文化年、安徽文化年系列活动。

---

① 郭镇之：《公众外交与文化交流：海外中国文化中心的发展趋势》，《对外传播》2018 年第 2 期，第 48 页。
② 陈博谦、王子诺：《中国文化中心的海外传播路径：以曼谷为例》，《燕山大学学报》（哲学社会科学版）2019 年第 2 期，第 66 页。

续表

序号	所在城市	启用时间	揭牌领导人（时任职务）	备注
4	柬埔寨金边	2016年10月	习近平主席与柬埔寨首相洪森共同为金边中国文化中心揭牌。	中国文化和旅游部与云南省委宣传部、昆明新知集团共建。首家文化和旅游部与企业合作共建的海外中国文化中心。金边中国文化中心的前身为云南新知集团建设的"金边中国文化之家"。
5	越南河内	2017年11月	习近平主席与越南国会主席阮氏金银共同为河内中国文化中心揭牌。	—
6	缅甸仰光	2018年7月	在缅甸国务资政杜昂山素季见证下，中国外交部长王毅和缅甸宗教事务与文化部长都拉吴昂哥共同为仰光中国文化中心揭牌。	中国文化和旅游部与云南省政府共建。云南省文化厅负责落实仰光中国文化中心的建设和运营等事宜。

资料来源：笔者根据相关报道整理制作。

除了合作开展文化活动之外，东盟国家现有的中国文化中心也有地方政府与中国文化和旅游部共建的案例。例如，缅甸仰光中国文化中心由云南省政府与中国文化和旅游部共建，云南省文化厅与文化和旅游部外联局共同负责运营管理，云南省文化厅负责具体活动的组织实施。仰光中国文化中心 2018 年 6 月首次对缅甸公众开放时举办的活动，是和云南省文化厅共同主办"美丽云南·云南画家作品展"。2019 年 6 月，仰光中国文化中心举办了广西特色非遗文化展。

（二）开展日常文化交流

2018 年 11 月，李克强总理在第 21 次中国—东盟领导人会议上介绍，自中国和东盟建立战略伙伴关系以来，双方人员往来从每年390 万人次增加到近 5000 万人次，每周有 3800 多个航班往返于中国和东盟国家之间。① 可见，中国各省（区、市）与东盟国家间的人员往来和日常文化交流活动频繁。

以南宁国际民歌艺术节为代表的节庆文化品牌、以《印象·刘三姐》《碧海丝路》和《八桂大歌》为代表的广西民族歌舞品牌，在东盟国家社会各阶层产生了广泛影响；广西与越南合作打造的下龙湾海上实景演出《越南越美》、与柬埔寨合作建设的吴哥窟实景演出《微笑的高棉》两个山水实景演出项目开创了广西与东盟交流合作的新境界，项目已列入中国文化部对外文化贸易重点项目。② 近年来，南宁已在柬埔寨、缅甸、新加坡、马来西亚、越南、泰国、菲律宾等东盟国家举办了"文化走亲东盟行"活动。2016 年 11 月，成都市外办在老挝万象举办"PANDA 成都"。2017 年，北京在缅甸和越南举办了"北京文化之旅"交流会活动。此外，一些中国地方政府还定期举办文化交流活动。例如，截至 2018 年底，云南已成功举办了 18 届中缅胞波狂欢节。2006 年以来，广西连续举办了 13 届中国—东盟文化论坛。

中国—东盟在媒体、影视、出版、旅游等文化领域的合作也在不断加强。"十二五"期间与"十三五"规划以来，云南省委、省政府主动服务和融入国家战略，围绕把云南建设成为面向南亚东南亚辐射中心的要求，进一步提升云南文化的辐射力影响力，加大文化"走出去"步伐。云南德宏自 2009 年以来，先后设立了姐告国门书社、陇川拉影国门书社、盈江那邦国门书社、畹町国门书社和瑞丽银井国门书社，搭建了中缅文化交流新平台。③ 2019 年被确定为中国—东盟媒体交流年。2019 年以来，中国—东盟媒体合作论坛、中国—东盟媒体高峰论坛先后在北京和印度尼西亚雅加达举办。2019 年 5 月，东盟国家主流媒体代表团到宁夏、四川访问，并与当地宣传部门座谈会晤。中国和东盟国家相互引进了一批优秀影视作品。云南无线数字

---

① 李克强：《在第二十一次中国—东盟领导人会议上的讲话》，中国政府网（http://www.gov.cn/gongbao/content/2018/content_5343732.htm）。

② 杨亚非、陈禹静：《广西与东盟 10 年合作发展的轨迹与思考》，《东南亚纵横》2013 年第 8 期，第 48 页。

③ 墨白、江媛：《新定位大开放：云南建设面向南亚东南亚辐射中心纪实》，云南出版集团、云南人民出版社 2017 年版，第 293—294 页。

电视文化传媒、云南广播电视台国际频道、云南卫视等成功地将包括中央电视台国际频道和新闻频道、新华电视亚太台中英文频道、云南广播电视台卫视频道和国际频道在内的数十套数字电视节目传输至老挝、柬埔寨、泰国和越南等周边国家。[①] 在广西宣传部的支持下，广西广播电视台与缅甸国家广播电视台合办了《中国电视剧》《中国动漫》等栏目，共建了缅语译制站，将《你好，乔安》《红楼梦》等中国影视剧制作成缅语版。2019年8月12日，《红楼梦》缅语版开始在缅甸播出。广西从2006年开始与中国国家体育总局联合主办路线经中国、越南、柬埔寨、泰国、马来西亚和新加坡的中国—东盟国际汽车拉力赛。中国和东盟国家之间的跨境旅游日益火热。中越德天瀑布、中越友谊关、中越河口—老街、桂林—越南下龙自驾游等旅游线路吸引了越来越多的游客。2018年4月，广西防城港获批成为边境旅游试验区，探索发展边境旅游新模式。目前，云南红河和越南老街正在合作推动2国6目的地（昆明、红河、老街、河内、海防、广宁）的精品旅游路线。

本章小结

作为中央代理人的地方，其身影出现在中国与东盟在政治安全、经贸往来与人文交流的各领域。根据中央授权的大小，地方在不同领域的参与能动性存在差异。总体上看，地方的参与有效促进了中国与东盟在各领域的合作。

鉴于政治安全合作领域的高度敏感性，地方主要是扮演政策执行者的角色，贯彻和落实中央政府的东盟政策。在中国对东盟睦邻友好政策的大框架下，地方通过领导人出访东盟国家、接待东盟来宾、加强与东盟驻华领事机构的联系等具有地方行事特色的渠道，在加深地方与东盟国家间高层来往的同时，有效促进了中国和东盟国家的政治互信。与此同时，西南沿边省区与周边东盟国家开展境外罂粟替代种

[①] 任佳、李丽：《云南面向周边国家开放的路径创新》，《南亚东南亚研究》2018年第3期，第4页。

植、打击跨境犯罪和维护边境稳定的合作实践使中国—东盟非传统安全合作持续深化。

在贸易畅通、资金融通和设施联通等经济合作领域,地方执行中央政策的同时,自主能动性开始凸显。在地方的参与和推动下,中国与东盟互为重要贸易伙伴,在共建经济园区上取得了明显成效。广西和云南抓住建设沿边金融综合改革试验区的有利时机,创新跨境金融合作业务,推动人民币在东盟的国际化和中国—东盟金融合作迈上新台阶。广西、云南、重庆等省(区、市)凭借各自的区位优势,提出了有利于本地发展的中国—东盟互联互通规划。在央地的共同努力下,中国与东盟在水陆空、能源管网和信息通道上的互联互通不断增强。同时也需要看到,部分跨境经济园区还处于地方倡议阶段,其合法化和持续发展还有待中国和东盟国家中央层面予以支持和授权。

在中国—东盟人文交流上,地方参与形式丰富多样。从培养东盟来华留学生到"走出去"在东盟国家建设孔子学院/课堂、设立分校等办学举措,以教育为本,培养更多知华、友华的东盟人士。通过与东盟城市建立友城关系,参建设立在东盟国家的中国文化中心和开展日常文化交流,让更多东盟民众对中国和中华文化有了更直观、更全面的认识。

第四章

地方参与中国—东盟合作的路径

地方参与中国—东盟合作的路径大体上可以分为两种：一是侧重对中央政策自上而下的落实，即作为代理人，贯彻委托人的意志；二是主要基于本地发展需求而进行的自发性努力，体现出地方能动性的一面。但在部分情况下，自上而下和自下而上的参与路径有所重合，不能完全隔离开来看待，这也是中央与地方在中国—东盟合作中具有共同利益以及央地协力的表现。

第一节 自上而下的路径

当中央政府对某个具体领域的中国—东盟合作已有较为清晰的规划和部署时，地方往往会做出积极的响应，以具体行动贯彻中央的旨意。需要特别指出的是，鉴于中央规划往往是宏观的，给地方留下了可以发挥能动性的空间，在对中央政府部署的贯彻性作为中，地方同样也有自觉意识。地方规划对接中央部署、融入次区域合作以及承办大型国际活动是地方贯彻中央对东盟合作政策较为明显的三条路径。

一 地方规划对接中央部署

在中国地方行为体参与国际交往的现实中，尽管行为联邦制的现象可能呈上升态势，但央地之间的主次关系相对明确；特别是在涉及国家总体外交的问题上，地方参与和国家总体外交之间的服从与服务关系原则仍得到了较好贯彻。① 地方政府能够积极响应并成功对接中央的战略，而且将对外交往的展开与当地的发展有机结合，这是确保次国家政府外交顺利开展并取得成效的一个关键因素。② 地方政府积极响应中央政策最明显的表现在于制定地方发展规划时努力向中央政府的总体部署靠拢。

"一带一路"是当前及今后一段时间中国最重要的对外合作规划。大多数地方政府已编制和发布对接"一带一路"倡议的实施方案、工作重点和项目清单。各地方政府参与"一带一路"倡议实施方案的动力，既有来自中央政府行政指令的推力，也有"一带一路"倡议发展前景带来的动力，同时有来自地方的能动性。③ 具体到地方对中国—东盟合作的参与，《"一带一路"愿景与行动》明确涉及的主要有广西（构建面向东盟区域的国际通道）和云南（构建面向南亚东南亚的辐射中心）。广西在"十三五规划纲要"中提出，建设衔接"一带一路"重要枢纽，构建通畅安全的中国—东盟海上通道和便捷高效的中国—东盟陆路通道。④ 云南在"十三五规划纲要"中提出，要主动服务和融入国家"一带一路"发展战略，以南亚东南亚为重点方向，发挥好在孟中印缅经济走廊和中国—中南半岛经济走廊建设中的主体省份作用。

当然，地方规划对接中央部署并不仅仅体现在"十三五规划纲要"中。例如，2009年9月，广西印发了《抓住中国—东盟自由贸易区建成机遇加强广西与东盟全面开放开发合作的工作意见》；2010年6月，广西制订出台了《广西与东盟全面开放合作行动计划》。⑤ 近年来，广西提出了通过"南向、北联、东融、西合"构建全方位

---

① 张春:《地方参与中非合作研究》，上海人民出版社2015年版，第57页。

② 任远喆:《次国家政府外交的发展及其在中国跨境区域合作中的实践》，《国际观察》2017年第3期，第112页。

③ 钟惟东:《中国地方政府参与"一带一路"沿线区域公共产品提供的路径和风险研究：以新疆、云南、广西、黑龙江为例》，载黄河、贺平主编《"一带一路"与区域性公共产品》（《复旦国际关系评论》第二十二辑），上海人民出版社2018年版，第289页；《广西壮族自治区国民经济和社会发展第十三个五年规划纲要》，2016年2月。

④ 同上。

⑤ 黄志勇等编著:《第三次大开放浪潮——广西实施以开放为主导的跨越式发展战略研究》，广西人民出版社2014年版，第179—181页。

开放发展新格局。其中,"南向"是以中国西部陆海贸易新通道建设为载体,构建面向东盟的国际大通道;西合主要是联合云南等省份,加强与越南、缅甸、老挝等湄公河国家的合作。

二 参与次区域合作

"次国家政府行为主体"在次区域合作中扮演着非常重要的角色,尤其是在一些敏感领域,次国家政府行为主体还拥有国家政府行为主体所不可比拟的优势。[1] 次区域合作在经济合作之外常常还有非传统安全合作,如防止和打击跨境犯罪、打击毒品走私、保护动植物多样性,这些符合美国主流价值观。因此,美国及其他西方国家政府对次区域合作不那么敏感。[2] 在中国—东盟合作的大框架之下,自20世纪90年代初以来,中国与部分东盟国家间已经建立了大湄公河次区域经济合作、两廊一圈、泛北部湾经济合作、澜湄合作等次区域合作机制。中国边境省区地方政府在推动跨境和次区域合作上扮演重要角色,并影响到中国与许多亚洲国家间的关系。[3] 地方利用次区域合作这一重要舞台,在融入中国—东盟合作的同时,借机提出有利于本地发展的合作倡议,从中受益良多。例如,广西参与中越"两廊一圈"的南宁—河内经济走廊和环北部湾经济区的经济合作,可以说是中国方面的最大获益地区,不仅加强了广西与东盟特别是越南的经贸合作,而且改善了广西的基础设施建设。[4] 鉴于大湄公河次区域经济合作与澜湄合作涉及的中国省(区、市)更多,本书仅对这两个次区域合作案例进行分析。

(一)大湄公河次区域经济合作

自1992年大湄公河次区域经济合作机制建立以来的20余年间,由中国、柬埔寨、老挝、缅甸、泰国、越南6个成员国共同推动,国

---

[1] 李红、方冬莉等:《中国—东盟合作:从2.0走向3.0?》,广西师范大学出版社2015年版,第161页。

[2] Joseph Y. S. Cheng, "China-ASEAN Economic Co-operation and the Role of Provinces", *Journal of Contemporary Asia*, 2013, Vol. 43, No. 2, p. 317.

[3] Li Mingjiang, "Central-local Interactions in Foreign Affairs", in John A. Donaldson ed., *Assessing the Balance of Power in Central-local Relations in China*, London: Routledge, 2017.

[4] 刘建文:《广西在中国—东盟的次区域经济合作中的地位和作用》,《东南亚纵横》2008年第11期,第29页。

际社会和相关国际组织积极参与的次区域合作已在诸多领域取得了令人瞩目的成果，在促进成员国经济社会发展、提升次区域整体竞争力、推动亚洲区域经济一体化进程方面发挥了重要的作用。① 大湄公河次区域经济合作的中方省区为云南和广西。云南从1992年合作机制启动之初开始参与大湄公河次区域经济合作，曾是代表中国中央政府参与其中的唯一省区，广西于2005年也获批准加入该次区域合作。在大湄公河次区域年度部长会议中，中国代表团团长通常是来自中央政府的官员，而云南省的代表常担任副团长。在某些情况下，云南省的代表在中国代表团团长发言后会代表云南省发言。② 有学者认为，参与大湄公河次区域经济合作弥补了云南地处西南边陲、交通不便的短板，不仅发展了与柬埔寨、老挝、缅甸、泰国和越南的经济合作，与其他东南亚国家的经济往来也日益密切。③

在参与大湄公河次区域经济合作的过程中，云南提出了举办"大湄公河次区域经济走廊论坛"的倡议，并得到中央政府的认可。云南省政府网站的政务公开信息显示，从发挥云南的区位优势，巩固云南参与大湄公河次区域经济合作地位，扩大云南与周边国家经贸关系和丰富昆交会会期活动内容的角度考虑，2008年2月顾朝曦副省长前往商务部汇报工作时提出将论坛安排在昆明举办的建议，得到了商务部的积极回应。随后，商务部把成立"大湄公河次区域经济走廊论坛"的倡议写入了温家宝总理参加在老挝万象召开的"大湄公河次区域经济合作第三次领导人会议"的发言中，由中国政府正式提出该倡议并作为该届领导人会议的重要成果之一。④ "大湄公河次区域经济走廊论坛"的目的包括强化地方合作，下设省长论坛和边境城市发展论坛。截至2019年5月，云南省政府已经成功主办了6

---

① 刘稚、卢光盛主编：《大湄公河次区域经济合作发展报告（2016）》，社会科学文献出版社2016年版，第1页。

② Chen Zhimin, Jian Junbo and Chen Diyu, "The Provinces and China's Multi-Layered Diplomacy: The Cases of GMS and Africa", *The Hague Journal of Diplomacy*, No. 5, 2010, p. 339.

③ Sandra Poncet, "Economic Integration of Yunnan with the Great Mekong Subregion", *Asian Economic Journal*, Vol. 20, No. 3, 2006, pp. 303 – 317.

④ 《关于大湄公河次区域经济走廊论坛的材料》，云南省人民政府网（http://xxgk.yn.gov.cn/Info_Detail.aspx?DocumentKeyID=C180DA2191CC469088DF1F1351AF10AD）。

届大湄公河次区域省长论坛，共有来自柬埔寨、中国（广西）、老挝、缅甸、泰国、越南等国家和地区的100余位省长（副省长）及行政长官与会。

2005年加入大湄公河次区域经济合作的广西同样将该机制作为参与中国—东盟合作的重要平台。2014年初，广西财政厅和发改委联合编制的《广西参与大湄公河次区域经济合作规划（2014—2022）》得到广西区政府的批准，这也是中国省区首个参与大湄公河次区域经济合作的专项规划。

（二）澜湄合作

澜湄合作是在中国加大周边外交力度、推进"一带一路"倡议和提升与东盟国家关系的总体背景下提出并走向实践的次区域合作，[1]虽然澜湄地区次区域合作众多，但澜湄合作是唯一由6个澜湄国家共同发起、共商、共建、共享的新型次区域合作机制。2016年3月，首次澜湄合作领导人会议在三亚召开，澜湄合作正式启动。澜湄合作以政治安全、经济可持续发展和社会人文为三大支柱，并确立了互联互通、产能、跨境经济、水资源和农业减贫五个优先合作领域。

从参与国构成上看，澜湄合作与大湄公河次区域经济合作并无两样，但从中国参与省区看，地方队伍明显扩容。除云南和广西之外，海南、贵州等省也踊跃参与其中。2016年3月，澜湄合作启动后，相关省区采取积极行动，力图在次区域合作中发挥自身作用。海南省委、省政府在澜湄合作首次领导人会议之后不到一年的时间内，先后策划和组织五批省级领导访问澜湄五国，举办2016年澜湄国家旅游城市（三亚）合作论坛、实施"中国海南柬埔寨光明行"等具有重大国际影响力的外事活动，通过拓展友城、密切人文交流、增进互联互通和民心相通，在助力海南开放发展的同时，切实扛起了服务国家总体外交的海南担当。[2]云南设立了澜湄合作办公室和澜湄合作论坛，并从2016年开始举办澜湄国家商品展。2019年3月，多地举办了澜湄周活动。例如，云南3月18日举办澜湄周启动仪式，邀请柬

---

[1] Yang Xiangzhang, "The Lancang-Mekong Cooperation Mechanism: A New Platform for China's Neighborhood Diplomacy", *China: An International Journal*, Vol. 17, No. 2, May 2019, pp. 106 – 126.

[2] 王胜：《澜湄合作海南在行动》，《今日海南》2016年第12期，第15页。

埔寨、老挝、缅甸、马来西亚、泰国、越南等东盟国家驻昆总领事官员出席。在澜湄周期间，云南举办了澜湄合作研讨会、澜湄流域经济发展带智库建设论坛、澜湄环境合作圆桌对话会等30余项活动。3月19日，贵州举办了2019年"澜湄周"暨2018年澜湄合作专项基金启动仪式，并邀请老挝驻长沙总领事馆、越南驻华大使馆的代表出席。

三 承办大型国际活动

以中共中央、国务院《关于全国外事管理工作的若干规定》（中发〔2001〕17号）的发布和2001年10月在上海主办第九次亚太经济合作组织（APEC）领导人非正式会议为共同标志，中国对外关系展开中的地方参与进入了一个新的阶段。此后，在中央政府的统筹安排下，中国地方省市承办起数量越来越多、层级越来越高的全球性或国际性大型活动。同时，这些地方省市也借助这些国际活动，促进和提升了自身的经济社会发展水平。[①] 承办大型国际活动亦是地方参与中国—东盟合作的主要途径之一。

地方政府通过承办中国和东盟国家领导人出席的重大外事活动，为中国—东盟增强政治互信、寻找经贸合作机遇与深化人文交流提供了重要的多边舞台。中国中央政府或中央部委作为活动组织者、主办方、东道国，中国地方政府作为活动的执行者、承办方、接待方，在央地协力的基础上，将具体的外交事务、国际活动事务交由地方来组织。[②] 这些重大外事活动可以分为两种：一种是定期举办、会址永久固定在具体城市的外事活动，最为典型的是中国—东盟博览会[③]；另一种是根据需要举办地点并不固定的大型外事活动，例如大湄公河次区域经济合作领导人会议、澜湄合作领导人会议等。

（一）中国—东盟博览会

中国—东盟博览会是由中国与东盟国家合办、覆盖面最广、参与

[①] 张鹏：《中国对外关系展开中的地方参与研究》，博士学位论文，上海外国语大学，2013年，第73页。

[②] 同上书，第85页。

[③] 需要指出的是，与中国—东盟博览会同期举办的还有中国—东盟商务与投资峰会，主办方为中国商务部、中国国际贸易促进委员会、广西区政府，承办机构为中国—东盟商务与投资峰会秘书处（中国国际贸易促进委员会广西分会）。本书仅以中国—东盟博览会为例进行分析。

人数最多的综合性盛会。它实现了服务中国—东盟战略合作、服务中国—东盟自贸区建设、服务中国国家各部委各省区市与东盟合作，服务广西经济社会发展的"四个服务"目标。[①] 截至 2019 年 11 月，中国—东盟博览会已经成功举办了 16 届。中国—东盟博览会从第 4 届开始，每届确定一个重点主题，均围绕中国—东盟主要合作领域。从 2014 年起，中国—东盟博览会紧跟落实"一带一路"倡议的需要，突出"共建 21 世纪海上丝绸之路"的主题。因此，中国—东盟博览会固然具有重要的经济意义，但其政治意义不容低估，是中国与东盟各国展现政治互信与合作意愿的舞台。

中国—东盟博览会既是经贸盛会，又是多边国际活动。中国—东盟博览会期间，举行多场领导人会见，高层论坛和专业论坛，为中国与东盟领导人之间、部长之间、地方领导人之间的交流提供了新的渠道，促进了中国与东盟的对话交流，深化了多领域多层次的合作。中国—东盟博览会成为中国与东盟交流合作的重要机制和重要交流平台。[②] 历届均有中国和东盟国家领导人出席并致辞的中国—东盟博览会，已然成为加深中国—东盟政治互信的外交大舞台和中国—东盟友好合作的象征（参见附录表 5 "历届中国—东盟博览会简况"）。

中国—东盟博览会为中国和东盟国家提供了一个全新的交流平台，增进了中国和东盟国家间的政治互信，也得到了中国和东盟国家领导人的高度支持赞许。习近平主席在 2017 年 4 月 21 日表示，中国—东盟博览会、中国—东盟商务与投资峰会已成为广西亮丽的名片，也成为中国—东盟重要的开放平台；老挝总理通邢在 2012 年 9 月 21 日称，中国—东盟博览会对促进中国同包括老挝在内的东盟各国友好合作关系发挥了积极的作用；泰国前总理英拉于 2012 年 9 月 3 日表示，中国—东盟博览会不断加强东盟与中国的战略伙伴关系；越南总理阮春福在 2016 年 9 月表示，中国—东盟博览会和中国—东盟商务与投资峰会在推动中国—东盟战略合作伙伴关系中发挥了重要

[①] 郑军健、刘大可：《通向中国—东盟命运共同体的新丝路》，世界图书出版公司 2017 年版，第 25 页。

[②] 吴仪：《创建中国—东盟合作交流新平台》，载宋晓天、杜新、郑军健主编《中国—东盟博览会发展报告（2007）》，广西师范大学出版社 2008 年版，第 11 页。

作用。①

为承办中国—东盟博览会，广西专门成立了广西国际博览事务局，该局与"中国—东盟博览会秘书处"为"两个牌子一套人马"，全面负责展会的组织筹办工作。② 广西区政府官网显示，广西国际博览事务局为区人民政府直属事业单位。这也是中国第一家博览局。通过承办中国—东盟博览会，中国—东盟合作的里程碑上已深深刻下广西和南宁的名字。中国—东盟博览会为广西带来的效应大大促进了广西的对外开放步伐，成为广西与东盟合作的重要战略支点。③ 广西举全区之力把中国—东盟博览会打造成为中国与东盟政治、经贸、外交、文化等各领域各层次交流合作的重要机制和重要平台，有力地服务了中国—东盟自由贸易区建设，有力地服务了国家周边外交战略，把中央的和平发展战略、周边外交战略、开放战略落到实处，转化为广西开放发展的强大动力，极大地提升了广西在中国—东盟交流合作中的战略地位与作用。④ 作为中国—东盟博览会的承接地，广西投入了大量人力、物力和财力，也从中收获良多。

(二) 临时性重大外事活动

地方还承办了多个其他定期或非定期的大型国际活动。如1993年开始举办的中国昆明进出口商品交易会（简称"昆交会"，1993—2003年名称为"中国昆明出口商品交易会"；从2013年起，与中国—南亚博览会合并举办），由国家商务部、重庆、四川、云南、贵州、广西、西藏共同主办，云南具体承办。广西从2006年开始与国家文化部联合举办中国—东盟文化论坛。从2002年开始，大湄公河次区域经济合作成员国每3年在成员国轮流举行一次领导人会议。其中，云南于2005年7月承办了大湄公河次区域经济合作第二次领导

---

① 中国—东盟博览会秘书处主编：《中国—东盟博览会概况》，2018年8月，第6—9页。

② 笔者于2019年5月28日到广西国际博览事务局调研，并与研究发展部高级项目主任陈洁莹、投资部长助理韦嘉座谈。

③ 杨亚非、陈禹静：《广西与东盟10年合作发展的轨迹与思考》，《东南亚纵横》2013年第8期，第47页。

④ 黄志勇等编著：《第三次大开放浪潮——广西实施以开放为主导的跨越式发展战略研究》，广西人民出版社2014年版，第24页；黄志勇：《广西前两次大开放浪潮经验启示及其对掀起第三次大开放浪潮的对策建议》，《东南亚纵横》2013年第7期，第10页。

人会议。此外，大湄公河次区域经济合作每年还举办一次部长会议。2003年9月，第12次部长会议在云南大理举办；2012年12月，第18次部长级会议在南宁举办。2015年12月，首次澜湄合作外长会议在云南西双版纳举办；2016年3月，首次澜湄合作领导人会议在海南海口举办，宣告该合作机制的正式启动。2017年12月，第三次澜湄合作外长会议在云南大理举办。地方承担诸如此类的重大会议筹办不胜枚举。每次会议都是一次展示地方魅力的机会，地方通过承办会议可以设置宣传本地的主题活动，部分会议签署的宣言往往以举办城市命名，在促进中国—东盟合作的同时不断提升在本地区的知名度。例如，中国—东盟文化论坛促成了《南宁宣言》《东亚图书馆南宁倡议》。

地方承办的临时性重大外事活动通常与中央政府当时的外交政策和国家利益需求相呼应。[①] 例如，为继续深入参加大湄公河次区域经济合作，云南于2005年7月承办了第二届大湄公河次区域经济合作领导人会议；为推动澜湄合作正式启动，云南于2015年12月承办了首次澜湄合作外长会议，海南于2016年3月承办了首次澜湄合作领导人会议。2016年6月，中国—东盟外长特别会议在云南玉溪举行。本次会议于菲律宾提出的南海仲裁案裁决前夕召开，主要议题是与东盟国家磋商和协调在南海问题上的立场，避免事态恶化。在中央政府和地方政府的共同努力下，"这些重大外事活动总体上起到了促进中国与东盟国家的增信释疑、凝聚双方合作意愿的作用"[②]。

临时性重大外事活动也有利于提高地方的国际知名度和（次）区域合作参与度。例如，云南在2015年圆满承办澜沧江—湄公河合作首次外长会，展示云南建设面向南亚东南亚辐射中心的独特优势，对进一步密切与湄公河流域国家的务实合作具有里程碑意义；配合中联部、中宣部成功举办第四次中老两党理论研讨会，进一步增强中老两党的交流合作。云南在这些外交外事活动中充分发挥地方在开展对外交往方面的独特优势和作用，并达到与周边国家增进

[①] 杨祥章：《我国地方政府参与中国—东盟合作的动力、进程与特点》，《和平与发展》2018年第4期，第100页。

[②] 同上。

了解、发展友谊、促进合作的目的。① 海南本不属于澜湄流域省区，但通过举办首次澜湄合作领导人会议，加入了澜湄合作的中国地方队伍之列。

第二节　自下而上的参与路径

地方政府参与对外交往并非只有传统的自上而下的配合、服从和服务于国家总体外交的一面，也有对国家总体外交的修正、补充、试验的一面。② 地方的主动性是其能发挥外交补位和先行先试的根源。在参与中国—东盟合作时，地方发挥能动性，做出了大量自下而上的尝试和努力。

一　构建与东盟国家（地方）的对话机制

加强政策沟通是国际合作从愿景到现实的重要保障。为加强与东盟国家间的相互了解和信任，地方根据自身需要，主动寻找和建立与东盟国家的对话机制和沟通渠道。在中国和东盟国家中央政府的支持以及中国地方政府的努力下，中国地方政府与东盟国家或地方政府建立了各种交流渠道和平台。这些对话平台的建立，有效促进了中国与东盟国家间构建多层次的政府间宏观政策沟通交流机制。

（一）云南与中南半岛东盟 4 国的会晤机制

除了大湄公河次区域经济合作省长论坛之外，云南还分别与缅甸、老挝、泰国和越南等 4 个中南半岛国家的部分北部城市建立了行政长官定期会晤机制。2004 年以来，云南—泰北联合工作组、云南—越南北部 4 省联合工作组、云南—老挝北部联合工作组、滇缅合作论坛相继设立。这些机制的建立为云南省与中南半岛国家的贸易发展提供了便利的交流平台，成为云南参与中国—东盟合作多层级伙伴关系的重要组成部分，也推动着中国与东盟国家的合作与交流（见

---

① 《2015 年度云南省外事港澳年鉴》，云南省外办，http://www.yfao.gov.cn/ynwb/wsganj/201608/t20160811_423247.html。

② 张春：《地方参与中非合作研究》，上海人民出版社 2015 年版，第 52 页。

表4-1)。①

表4-1　　　　　云南与东盟国家地方对话机制

机制名称	东盟国家主要参与省/府/邦	建立时间	备注
中国云南—泰北联合工作组	泰国清迈府、清盛府、清莱府、帕尧府、帕府、夜丰颂府、难府、达府。	2004年4月	截至2019年6月，工作组召开了6次会议
中国云南—老挝北部联合工作组	老挝北部万象、川圹、华潘、南塔、波乔、乌多姆塞、丰沙里、沙耶武里和琅勃拉邦9省	2004年10月	从2018年开始，改为一年一次，截至2019年6月，已召开9次会议。
中国云南—越南北部4省联合工作组	越南河江、老街、莱州、奠边	2007年6月	截至2019年6月，已召开7次会议。
滇缅合作论坛	克钦邦、掸邦	2013年	截至2019年11月，已举办6届。

资料来源：笔者根据相关报道整理。

(二) 广西与越南北部4省的磋商机制

2005年4月，广西政府代表团与越南高平、谅山、广宁3省的政府代表团在河内进行会晤，就建立磋商机制进行商谈。2007年6月，广西与越南边境的高平、谅山、广宁三省签订了《关于成立联合工作委员会的协议》，每年轮流在广西或越南边境省份举行一次会晤。2009年，越南河江省加入联合工作委员会。截至2019年4月，广西与越南北部4省联合工作委员会已经举行了10次正式会晤，就加强双边在各个领域的合作达成一系列共识，并签署了相关会议纪要或备忘录（见表4-2）。

---

① 参见 Xiaobo Su, "Multi-Scalar Regionalization, Network Connections and the Development of Yunnan Province, China", *Regional Studies*, 2014, Vol. 48, No. 1, pp. 91–104；刘莎妮《论地方政府对中国参与东盟区域合作中的支持——以云南省为例》，硕士学位论文，上海师范大学，2013年，第17页。

表 4-2　　　　　　　广西与越南北部 4 省联合工作委员会

时间	地点	成效
2008 年 8 月	越南广宁	双边就加强在经贸、投资、旅游、教育、交通基础设施建设、人力资源培训、打击跨境犯罪、维护边境地区的稳定等领域的合作达成广泛共识。
2009 年 5 月	中国广西	双边讨论并同意在经贸、跨境经济合作区、口岸和互市点建设、旅游、维护边境治安秩序、农业科技、边界管理、文化等领域加强合作；同意越南河江省加入联合工作委员会。
2010 年 9 月	越南河内	双边就加快边境口岸、互市点间的通道建设，加快各自境内通往边境口岸和互市点的铁路、公路建设和改造，尽早启动中越北仑河二桥、水口河二桥等进行了讨论。
2011 年 12 月	中国广西	双边同意保持各级团组互访，强化既有合作机制，加快跨境经济合作区建设，加强旅游、农业、教育等领域的合作。
2012 年 12 月	越南高平	双边同意加强经贸、旅游、文化教育、农林渔业、边界管理、跨境经济合作区、进出口商品质量安全和疫情信息交流等领域的合作；商定开设龙邦那西—茶岭那弄、水口—驮隆互市点。
2013 年 12 月	中国广西	双边就加强跨境经济合作区建设、基础设施互联互通、陆地边境管理、科技、旅游、教育、农业等方面的合作达成共识。
2015 年 4 月	越南河江	双方一致同意要深化高水平互联互通、高效率口岸通关、大规模产业合作以及大范围友好交流。
2016 年 12 月	中国广西	双方一致同意加快推动重点合作项目建设，加强在各领域的合作交流。
2018 年 2 月	中国广西	双方一致认可要加强友好交往和各领域的交流合作，提升广西与越南边境四省机制化合作水平。
2019 年 3 月	越南谅山	双边一致同意加强在互联互通、跨境经济合作区、水上管理、跨境劳务、通关便利化、口岸开发升级、旅游、边境管理、农林业、科教文体卫及金融等领域的合作，落实 2019 年广西与越南边境四省党委书记新春会晤达成的共识。

资料来源：笔者根据相关报道整理。

中国和越南同属于共产党领导下的社会主义国家。2016年，广西与这4个越南北部省份建立了党委书记会晤机制，开始加强党际交往。从2017年开始，广西区委书记与越南北部4省党委书记每年进行新春会晤联谊。双方还就加强地方党组织交流达成共识，由广西百色干部学院为越南中央纪检、组织、宣传、办公厅等部门的负责人和边境4省党务干部开展专题培训。

（三）中国地方与新加坡双边合作机制

在中新两国合作的带动下，中国多个省区与新加坡建立了双边合作机制，并成为推动中国地方与新加坡合作的有效平台。

截至2019年，在中新双边合作联合委员会（Joint Council for Bilateral Cooperation, JCBC）框架下，设置了七个较低级别的新加坡与中国各省之间的双边合作理事会：山东（1993年）、四川（1996年）、辽宁（2003年）、浙江（2003年）、天津（2007年）、江苏（2007年）和广东（2009年）。① 在这些框架安排下，一些新的合作项目孕育而生，包括2009年推出的中新南京生态科技岛和2010年开始的中新广州知识城（2018年升级为中新国家级项目）、新川创新科技园区（2012年）和中新吉林食品区（2012年）。

2015年11月7日，在新加坡发表的《中华人民共和国和新加坡共和国关于建立与时俱进的全方位合作伙伴关系的联合声明》中明确提出："推动中新苏州工业园区和中新天津生态城项目发展，认可园区的先行者角色，将其成功和创新经验向中国其他合适的项目推广。继续办好新方同中国地方政府建立的7个地方经贸合作机制以及中新广州知识城、新川创新科技园区、中新吉林食品区、中新南京生态岛等企业主导、政府支持的合作项目，不断为新加坡参与中国地方发展注入新活力。"②

---

① John Wong and Catherine Chong, "The Political Economy of Singapore's Unique Relations with China", in Saw Swee-Hock, John Wong eds., *Advancing Singapore-China Economic Relations*, Singapore: Institute of Southeast Asian Studies Publishing, 2014, p. 6; ［新加坡］黄朝翰：《新加坡与中国密切关系及未来的挑战》，载［新加坡］黄朝翰、赵力涛主编《新加坡社会发展转型：新方向、新模式》，新加坡：世界科技出版公司2013年版，第181页。

② 《中华人民共和国和新加坡共和国关于建立与时俱进的全方位合作伙伴关系的联合声明》，《人民日报》2015年11月8日。

（四）中国—东盟省市长对话会

2015 年，海南和中国人民对外友好协会合作在博鳌亚洲论坛下创建了中国—东盟省市长对话会分论坛，搭建起一个中国—东盟地方间对话合作平台（见表 4-3）。截至 2019 年 5 月，中国—东盟省市长对话会已经举办 5 届。但从历届情况看，与会地方政府的数量并不多。

表 4-3　中国—东盟省市长对话会概况（2015—2019 年）

年份	议题	主要参会省（区、市）	成效
2015	地方合作：命运共同体的驱动力	海南、重庆、天津、陕西、南京、杭州、青岛；文莱斯里巴加湾市、柬埔寨磅湛省、柬埔寨金边市、印度尼西亚巴厘省、老挝万象市、马来西亚槟城州、缅甸仰光市、菲律宾宿务省、泰国普吉府	签署《2015 年中国—东盟省市长对话共同声明》。
2016	地方政府在国际产能合作中的角色	海南、天津、陕西、南京、青岛	签署了《2016 年中国—东盟省市长对话共同声明》。
2017	深化人文往来，加强"一带一路"建设	海南、天津、广州、南宁、贵阳；柬埔寨暹粒省、磅湛省、老挝琅勃拉邦省、万象市、缅甸仰光市、马来西亚槟城州、菲律宾巴拉望省	签署《2017 年中国—东盟省市长对话共同声明》。
2018	21 世纪海上丝绸之路沿线邮轮旅游合作	海南、天津、广州、香港；柬埔寨西哈努克省、菲律宾巴拉望省、泰国清迈府、普吉府、新加坡	签署《2018 年中国—东盟省市长对话共同倡议》，成立"21 世纪海上丝绸之路沿线邮轮旅游城市联盟"。
2019	中国—东盟互联互通，深化经贸人文合作互联互通与海南自贸港建设的机遇与挑战	香港特别行政区，广东省广州市，湖北省武汉市，柬埔寨西哈努克省、磅湛省、暹粒省，老挝万象市，新加坡，泰国清迈府，斯里兰卡南方省、西方省	签署《2019 年中国—东盟省市长对话共同倡议》。

资料来源：笔者根据相关报道整理。

二 加强与中央部委合作

中央部委掌握着资金、项目、政策等物资性资源和达标评比等废物咨询资源。这些资源足以影响到省级政府负责人的前途以及地方发展。[①] 与地方官员相比，中央部委官员有更多与国家领导人接触的机会；与地方相比，中央部委有更多的渠道向中央领导报送请示、调研报告等。为获得中央对本地的更大支持，地方日益意识到中央部委可以作为信息传递的有效渠道。此外，中央给予地方的政策往往需要中央部委的配合才能落地。通过加强与中央部委的合作，地方可以借助中央部委的特有途径，将地方倡议传递给国家领导人，争取中央更多的政策倾斜，同时在需要中央部委协助的优惠政策落实上提高效率。

在参与中国—东盟合作时，广西通过与商务部建立正式伙伴关系，解决了自身长期缺乏区域合作能力的问题。2003年2月，广西与商务部合作组办了首届中国—东盟自贸区高层研讨会。在此过程中，广西收集到东盟高级官员对自贸区建设的反馈，并形成了一份独家报告，而这份报告帮助广西赢得了中国—东盟博览会的承办权。[②] 2016年以来，相关地方积极参与外交部举办的省（区、市）全球推介活动。地方加强与中央部委合作的表现还包括与文化和旅游部共同建设在东盟国家的中国文化中心，云南直接参与了建设柬埔寨金边和缅甸仰光的中国文化中心建设。此外，地方与中央相关部委的具体合作也会签署备忘录。例如，2011年8月，广西区政府与海关总署签署合作备忘录。根据该备忘录，海关总署将支持广西加快构建"两区一带"区域协调发展新格局，促进广西口岸有序开放和建设，推动广西海关特殊监管区域的建设发展，进一步深化广西国际区域合作交流，提升广西对外贸易便利化水平。[③] 云南省政府在2009—2011年间，先后与国家质检总局、海关总署、教育部、交通部等中央部委签署合作备忘录，内容

---

① 周振超：《中央部委与省级政府关系模式构建》，载朱光磊主编《中国政府发展研究报告（第3辑）：地方政府发展与府际关系》，中国人民大学出版社2013年版，第89页。

② [马来西亚] 李志良：《广西在中国—东盟合作中扮演的国际角色：东南亚学者的观点》，载《第七届中国—南亚东南亚智库论坛论文集（国外）》，昆明，2019年6月，第93页。

③ 《广西自治区政府与海关总署签署合作备忘录》，中国商务部网站（http://www.mofcom.gov.cn/aarticle/resume/n/201108/20110807710860.html）。

包括各部委支持云南口岸大通关建设，推进大湄公河次区域跨境客货便利化运输进程，支持瑞丽—木姐、河口—老街、磨憨—磨丁3对口岸探索完善通关查验模式，支持云南与南亚东南亚等国家开展人文交流，提升云南沿边开放水平。2018年3月，重庆市政府与商务部签署部市合作协议。根据该协议，商务部将积极支持重庆市实施内陆开放高地建设行动计划、参与"一带一路"建设、高标准实施中新互联互通项目。①

三 派驻经贸办事机构

随着全球化进程的深入，以多边城市组织建立为标志，越来越多的城市开始重视全球安全和发展问题，不仅积极参与中央政府的外交政策制定和国际谈判，而且纷纷在海外设立类似于驻外使领馆的办事处，积极参与多边城市组织，城市外交越来越成为一种独立的外交形态。②为实地了解东盟国家国情民风，寻找商业合作机遇，中国地方往往会在重点合作国家设立商务代表处、政府办事处等驻外机构。例如，湖南2015年成立了驻老挝和泰国商务代表处；海南、山东、陕西、江苏、云南等省均在新加坡设立了经贸代表处。

在诸多于东盟国家设立官方办事机构的地方省（区、市）中，云南最具代表性（见表4-4）。2010年以来，云南先后分四批次在东盟国家设立商务代表处，并在2015年实现了东盟10国全覆盖。2015年9月，云南省商务、外事和财政3个部门联合发布了《云南省驻境外商务代表处对标考核评价办法（试行）》，明确了云南省驻境外商务代表处是省政府委托省商务厅、外事办、财政厅管理，通过依托云南省对外投资合作企业而设立的云南对外开放和外经贸服务的常设机构。该文件制定的考核指标包括派驻机构的内部管理、对驻在国的信息研究报送、对云南的形象宣传、商务促进和服务协调5个大的方面。③ 2017

---

① 陈国栋：《商务部与重庆市签署部市合作协议》，《重庆日报》2018年3月3日第1版。
② 赵可金、陈唯：《城市外交：探寻全球都市的外交角色》，《外交评论》2013年第6期，第65页。
③ 云南省商务厅、云南省人民政府外事办公室、云南省财政厅：《云南省驻境外商务代表处对标考核评价办法（试行）》，2015年9月。

年9月，国务院办公厅对云南省设立驻外商务代表处的典型经验做法给予了通报表扬。

表4-4　　云南省派驻东盟国家商务办事处简况

年份	派驻国	依托企业	备注
2010	老挝 缅甸 越南	云南省建设投资控股集团有限公司（云南建投）、云南省能源投资集团有限公司（云南能投）联合外经、中国水利水电第十四工程集团有限公司（水电十四局）	云南省对外经济合作重点市场国家
2012	柬埔寨 新加坡	云南建投、云南能投	具有较大投资合作潜力的国家
2013	印度尼西亚	云南能投	投资合作日趋紧密的国家
2015	泰国 菲律宾 马来西亚 文莱	云南建投联合外经、云南能投、水电十四局、中国云南国际经济技术合作公司	建设云南面向南亚东南亚辐射中心需加强合作的国家

资料来源：笔者根据相关新闻报道整理。刘颖：《云南：设立驻外商务代表处扩大对外联系的点和面》，《中国经济导报》2017年11月3日第A3版。

地方驻外机构已经成为派驻地与当地政府机构的重要联系枢纽。例如，云南省驻新加坡商务代表处的设置被视为"加大云南对外开放步伐，推动经济社会跨越式发展，提高云南的知名度和影响力，促进云南与新加坡在经贸等相关领域的交流合作的重要举措"[①]。2018年11月2日，云南省商务厅主办、云南驻新加坡商务代表处在新加坡举办了"2018云南松茸松露节"，中国驻新加坡大使馆经参处、新加坡企业发展局均有代表出席。地方驻外机构往往还承担着派出地领导人来访时陪同考察甚至行程安排等具体事务。另外，需要指出

---

① 《云南驻新加坡商务代表处挂牌成立》，云南网（http://www.yn.gov.cn/yn_zwlanmu/yn_zwdt/201207/t20120725_5930.html）。

是，除了省级层面向东盟国家派驻商务代表处外，市级也有类似的举措。例如，与缅甸接壤的云南德宏州在缅甸内比都、仰光、曼德勒、密支那、腊戍、八莫6个城市设立了商务代表处。在中缅经济走廊建设的背景下，昆明也已经将在缅甸设立商务代表处提上了日程。① 除山东省设立了驻新加坡商务代表处外，烟台市也在新加坡设立了商务代表处。

四 扩大对外宣传

（一）商务推介

自2002年中国—东盟自贸区建设启动以来，中国大多数省区把加强与东盟国家的经贸合作作为发展本地区对外经济关系的主要内容，积极开展多种形式的推介活动。

云南省政府从2003年开始与国务院侨办在昆明共同主办每年一度的东盟华商会。该会议已经成为吸引东盟华人华侨到国内投资的重要平台。② 2011年6月，河南在郑东新区国际会展中心举办中国（河南）—东盟合作交流洽谈会。2016年，湖南分两个阶段开展了"湖南·星沙走进东盟经贸系列活动"，一方面邀请东盟使节团和商务代表团到湖南访问，另一方面组织本土企业到印度尼西亚、泰国、老挝、新加坡等东盟国家进行考察。

值得一提的是沿边省区与东盟国家间形成了多个定期举办的跨境商贸盛会。启动时间最早的当数从1993年开始举办的中越（凭祥）商品交易会，其主办方为广西崇左与越南谅山。2018年11月，第26届中越（凭祥）商品交易会顺利举办。广西东兴与越南广宁芒街则从2006年开始轮流举办中越（东兴—芒街）边境商贸·旅游博览会。截至2019年7月，中越（东兴—芒街）边境商贸·旅游博览会已成功举办13届。2000年，云南省政府与越南贸易部达成共识，从2001年开始，每年在毗邻的越南老街和云南河口轮流举办中越（河口）边交会。截至2019年7月，中越（河口）边交会已成功举办18

---

① 信息来源为2019年7月19日，昆明市外办张晓明一行到云南大学缅甸研究院就加强昆明与缅甸的合作进行座谈时提及。笔者参加了本次座谈。

② 杨祥章：《我国地方政府参与中国—东盟合作的动力、进程与特点》，《和平与发展》2018年第4期，第102页。

届。其中，第 18 届中越（河口）边交会在河口举办，共完成贸易成交总额 6.95 亿美元，交易总额创新高。① 从 2001 年开始，中缅边交会也开始在云南德宏与缅甸木姐轮流举办。此外，上述边境贸易展会的参展企业来源国已逐渐扩大到其他东盟国家。这些边境贸易展会为中国和东盟国家企业的投资合作搭建了良好的平台，有力促进了中双边贸易的增长。

（二）各式论坛

另一个快速提高地方在东盟国家的知名度以及对中国—东盟合作参与度的路径是持续举办某一论坛并邀请相关东盟国家的政府官员、科研人员参与。这些论坛的名称往往较为固定，但每一届的主题则契合当时中国与东盟国家深化合作或地方参与中国—东盟合作的需要。此外，部分论坛的主办方会引入东盟国家的相关机构。

广西从 2006 年开始举办环北部湾经济合作论坛（后更名为泛北部湾经济合作论坛），2016 年开始与中国—中南半岛经济走廊发展论坛合办。2018 年 5 月，第十届泛北部湾经济合作论坛暨第二届中国—中南半岛经济走廊发展论坛的主题为"打造国际陆海贸易新通道，共建中国—东盟命运共同体"。云南省社科院、中国（昆明）南亚东南亚研究院、云南德宏州州委/州政府与缅甸外交部战略与国际问题研究所于 2017 年开始联合主办中缅智库高端论坛，第三届于 2019 年 5 月在仰光举办，并新增中国驻缅甸大使馆为主办方。该论坛前三届的主题分别为"民心相通与中缅合作""中缅经济走廊建设"以及"一带一路倡议与中缅经济走廊"。

为配合推动广州知识城的发展，从 2013 年开始，广东与新加坡共同倡导和推动了中新知识论坛（Sino-Singapore Knowledge Forum, SSKF），邀请两地知名领袖和专家到场，围绕新加坡与中国面临的问题与挑战进行深入探讨（见表 4-5）。2018 年 8 月 24 日，第 6 届中新知识论坛在新加坡四季酒店举办，广东省省长马兴瑞、新加坡教育部长王乙康出席。同年 11 月，广州知识城成为中新政府间项目。

---

① 数据来源于笔者 2019 年 7 月 13—14 日赴云南河口调研时河口县政府提供的材料。

表 4 – 5　　历届中新知识论坛主题（截至 2019 年 7 月）

届次	举办年份	主题
第 1 届	2013	新形势下，中新经济发展及转型挑战
第 2 届	2014	从"中国制造"迈向"中国智造"——品牌竞争力与可持续的知识产权战略
第 3 届	2015	创新驱动发展——新常态下的产业升级和创新创业生态
第 4 届	2016	开放、合作、创新——国际化背景下的创新资源集聚
第 5 届	2017	互利共赢与包容性增长
第 6 届	2018	全面开放新格局，创新发展新趋势

资料来源：笔者根据相关报道整理。

（三）媒体传播

中国部分省（区、市）也在探索打造针对东盟合作伙伴的宣传平台，以东盟国家语言对本地进行宣介。云南是其中非常典型且做得较为成功的省份。

云南对东盟的媒体宣传已经形成了"四位一体"的格局，即官方与商业媒体结合、传统媒体与新媒体结合、地方与中央（和其他地区）媒体相结合、对外传播与对内传播相结合。它在跨国界的区域传播互动中发挥了国家对外传播的桥梁作用。[1] 1992 年，中共云南省委外宣办发行了缅文杂志《吉祥》。该杂志的发行区域不但覆盖了缅甸中央政府部委，还包括曼德勒、仰光和内比都等主要城市。2002 年，泰文杂志《湄公河》创刊；2005 年发行老挝文杂志《占芭》；2011 年 8 月，柬文杂志《高棉》创刊。以上四种刊物均为云南省外宣办主办的面向东南亚各国的综合性对外传播月刊。云南日报报业集团先后与印度尼西亚、马来西亚、缅甸、柬埔寨、孟加拉国等国主流媒体建立长期合作，以中文、英文、印度尼西亚文、缅文、柬埔寨文等多种语言文字合作开办了 12 份 "中国·云南" 新闻专刊。云南对外广播 "香格里拉之声" 以越语、华语两种语言播出，有效覆盖了中越、中老、中缅云南省边境县（市）和以越南河内、泰国曼

---

[1] 李红、方冬莉等：《中国—东盟合作：从 2.0 走向 3.0?》，广西师范大学出版社 2015 年版，第 167、182 页。

谷为中心的 7 个南亚东南亚国家和地区，听众超过 9700 万人。① 通过这些使用东盟国家语言的期刊、报纸和电台，东盟国家民众有了更容易了解云南的窗口。

五 提升合作参与能力

（一）组织商务培训

自中国—东盟自贸区建成以来，中国越来越多的省市积极发展与东盟的合作，抓住自贸区商机成为对外开放的重要举措。各省区加大对本地区干部和企业家的培训，使其了解中国—东盟自贸区基本知识、与东盟十国合作应注意事项等。② 相关培训会通常会邀请中国—东盟合作领域的专家进行授课。

例如，2010 年 9 月 29 日，成都商务局与中国—东盟商务理事会中方秘书处共同主办了"中国—东盟自贸区投资贸易报告会"，成都外经贸主办部门、外贸协会和外经贸企业近 300 人参会。2011 年 4 月 1 日，山东东营市政府举办"中国—东盟自贸区政策报告会"，有关政府部门和企业负责人出席。③ 在上述活动中，中国—东盟商务理事会中方秘书处许宁宁应邀做专题报告。

（二）寻求资政服务

与东盟国家的合作只是地方促进经济社会发展诸多动力之一，地方领导人公务繁杂，虽然会时不时出访东盟国家，但往往无暇对东盟国家的国情、中国—东盟合作的趋势等一一进行实地了解。为了在短时间内高效掌握相关信息，以便对地方参与中国—东盟合作做出合理决策，政府通常会向高校、科研机构以及社会组织寻求资政服务。

首先，地方政府的参事团队里一般都会有专门研究中国—东盟合作的资深专家。例如，云南大学长期从事大湄公河次区域经济合作研究的刘稚研究员就是云南省政府的参事。其次，一些省区政府部门会就参与中国—东盟合作重点关注的问题设置专门的课题，并对外招

---

① 任佳、李丽：《云南面向周边国家开放的路径创新》，《南亚东南亚研究》2018 年第 3 期，第 4 页。
② 中国—东盟商务理事会中方秘书处主编：《中国—东盟互联互通》，中国铁道出版社 2011 年版，第 167 页。
③ 同上书，第 193、228 页。

标。例如，云南省政府研究室设立了省长课题。2016 年立项的云南省省长课题中有一项为新形势下的滇（中）缅合作研究。① 2019 年 6 月，广西区政府采购中心一项名为"广西陆海新通道智库服务"以 200 万元采购金额成交，服务提供方为广西社科院。② 此外，2019 年依托广西社科院成立了广西国际陆海新通道研究院，由广西商务厅主管。③ 云南大学缅甸研究院、周边外交研究中心、国际关系研究院历年来承担了不少由发改委、商务厅、外办等政府部门委托的东盟相关课题。再次，高校、科研机构通常会就中国与东盟合作中的重大事项向所在地方政府办公厅报送信息，部分会被采用，有的会得到地方领导人批示，有的则会由地方上报至中央相关部门。最后，政府工作人员到高校或科研机构就某个具体的问题进行调研，或召集相关人员到政府部门举行座谈。

地方政府从高校、科研机构和社会组织中获得了所需信息，也为这些机构提供了发展资金和空间。在此合作过程中，双方实际上在合力影响中国的对外政策。④ 当前，许多高校和科研机构都在致力于智库建设，以期为政府提供更多、更好的决策咨询服务，同时提升自身的知名度和影响力。地方政府与高校、科研机构和社会组织在参与中国—东盟合作上的协力短期内将呈增强趋势。

本章小结

以"自上而下"为主和以"自下而上"为主的双向路径更能体现出，在中国—东盟合作中，地方是具有一定能动性的中央代理人。

---

① 课题负责人为云南大学李晨阳研究员，笔者作为课题组成员参与了该项研究。

② 《广西壮族自治区政府采购中心广西陆海新通道智库服务采购》（GXZC2019 - D3 - F0162 - CGZX），中国政府采购网（http://www.ccgp.gov.cn/cggg/dfgg/cjgg/201906/t20190603_12193469.htm）。

③ 笔者 2019 年 5 月到广西社科院调研，与雷小华副研究员座谈。他谈及广西国际陆海新通道研究院即将成立，他将出任副院长。同年 7 月，该研究院成立并对外招聘工作人员。

④ Gilbert Rozman ed., *China's Foreign Policy: Who Makes It, and How Is It Made?*, Seoul: Asian Institute for Policy Studies, 2012, pp. 91 - 124.

编制地方发展规划时向中央政策看齐，按照中央部署积极参与中国与东盟国家间的次区域合作，承办中国与东盟国家高层领导出席的大型外事活动，诸如此类的贯彻性行为充分表明，地方在认真履行中央代理人的职责。当然，在此过程中，地方的表现将影响到中央是否授予其更大的参与权限。

为了在参与中国—东盟合作中使本地利益最大化，地方发挥能动性，进行了许多有益尝试。通过搭建起多个与东盟国家地方的对话交流平台，增强彼此间的合作意愿；通过加强与中央相关部委之间的合作，以期在中国—东盟合作中获得更多高层支持；在东盟国家派驻商务代表处，收集当地信息，寻找合作机遇；以商务推介、举办国际论坛和开展媒体传播等方式加强对外宣传，提升本地在东盟国家中的知名度和影响力；并通过商务培训和寻求资政服务等渠道增强参与中国—东盟合作的能力。

但是也可以看到，以"自上而下"路径为主的参与中融入了地方的努力，以"自下而上"路径为主的地方尝试也离不开中央的默许和支持。这也是地方利益与国家利益相统一、地方参与始终内嵌于中国对东盟政策总体框架、地方与中央频繁互动以及地方代理人和能动性并存的综合表现。

第 五 章

地方参与中国—东盟合作的府际互动

在各省（区、市）参与中国—东盟合作的过程中，地方政府与中央政府间、不同地方政府间都存在频繁的互动。总体上，地方与中央之间的利益一致，以协作为主，在中央政策框架内开展活动，并不挑战中央政府的权威。地方之间既有合作，也有竞争。不同的省（区、市）会出于共同利益，合作向中央争取支持，而地方间的竞争往往出现在具有同类优势的省（区、市）之间。

第一节 央地互动

中国虽然是一个政治上高度集权的国家，但因为在传统上中央把除了国防和外交之外，几乎所有的事务均委托地方政府具体实施，事权高度集中于地方政府，这本身就形成了中央和地方的一种合作和利益制衡机制。[1] 地方发挥能动性的舞台已从对本地的管理扩大到涉外活动，央地之间的协同与地方向中央争取更多授权的努力也随之从国内延伸至国际合作中。

一 央地协力

地方参与对中央政府的东盟政策起着配合、支持和有益补充的作用。在中国—东盟合作中，央地之间的协力表现为三个方面：一是地

---

[1] 周黎安：《转型中的地方政府：官员激励与治理》，格致出版社、上海三联书店、上海人民出版社2017年版，第13页。

方履行代理人职责,落实中央相关政策;二是地方发挥能动性,提出倡议,得到中央支持和认可;三是在中央的鼓励下,先行先试,对深化中国—东盟合作进行新的探索。

(一) 地方落实中央政策

在中国的对外关系中,存在央地协力的政策倾向,地方政府起到了国家总体外交和地方经济社会发展之间重要桥梁的作用。[①] 作为中央的代理人,地方通常都会积极配合与支持中央政府,全面贯彻落实涉及东盟的政策方针。

中国和东盟共建自由贸易区,地方自觉将东盟国家视为重要经贸合作伙伴;中国和东盟国家共同推进大湄公河次区域经济合作与澜湄合作,相关省(区、市)主动加强了与东盟湄公河国家在人力资源开发、产能、教育、基础设施互联互通、农业、旅游等领域的合作。福建、广东、广西、云南等省区将中央对本地参与中国—东盟合作的定位作为对外开放的首要目标,并制定了相应的实施规划。凡此种种,均是地方在中央先行授权鼓励的基础上,支持和配合中央的大政方针,将中央的东盟政策落到实处。

(二) 中央鼓励地方先行先试

地方在某些领域的行为可能成为中央政府外交的补充。地方可根据自身利益关切而在国家尚未开展具体或深入的外交活动的领域先行试验,待取得一定经验或成果并被证明可行后,可推动甚至倒逼使其上升为国家外交实践。[②] 中央鼓励地方在中国—东盟合作中先行先试,较为典型的例子包括沿边金融综合改革试验区和自由贸易试验区。

虽然中国的人民币国际化在东盟国家取得了一定成效,但现有的金融合作无法满足经贸往来的需求。2013年11月,中央出台《沿边金改方案》,鼓励云南和广西在其境内部分地区对推动跨境金融合作进行先行先试,包括开展双边及多边跨境保险业务合作,探索建立试验区与东盟国家征信交流与合作机制等。从前文地方参与中国—东盟

---

① 参见张鹏《中国对外关系展开中的地方参与研究》,博士学位论文,上海外国语大学,2013年。

② 张春:《地方参与中非合作研究》,上海人民出版社2015年版,第18页。

合作的表现可知，经过近6年的探索，广西和云南已经在沿边金融综合改革试验区建设中积累了不少经验。可以预见，云南和广西沿边金融综合改革试验区的有益做法将对中国—东盟未来的金融合作产生积极影响。①

2019年8月，中央批准6个自由贸易试验区，其中广西和云南的发展定位均是涉及加强与东盟的合作。广西要着力建设面向东盟的国际陆海贸易新通道，打造面向东盟的金融开放门户；云南要建设成为连接南亚东南亚大通道的重要节点，形成面向南亚东南亚辐射中心、开放前沿。中央提出在自由贸易试验区建设中，发挥地方的积极性，及时下放相关管理权限，给予地方充分的改革自主权。通过批准地方自由贸易试验区，中央加大了鼓励相关地方对中国—东盟合作先行先试的力度。

（三）中央支持地方倡议

地方政府结合本地发展和国家对外合作需求，提出与东盟国家合作的地方倡议，并通过各种渠道寻求获得中央政府的支持。云南和广西提出的中缅油气管道、泛北部湾经济合作、孟中印缅经济走廊等倡议最终均在一定程度上得到中央政府的认可和支持，并被纳入国家对外合作。

中缅油气管道起点为缅甸西海岸马德岛的皎漂，经缅甸若开邦、伊洛瓦底省、勃固省、马圭省、曼德勒省、掸邦，从云南瑞丽进入中国。建设中缅油气管道的设想最初由云南大学李晨阳、吴磊、瞿健文3位学者于2004年提出，被云南省相关部门采纳后上报至中央有关部委，最终成为中缅两国之间的合作项目。2005年7月，中缅两国相关领导进行会谈，并签署了《关于加强能源领域合作的框架协议》；2009年3月，中国和缅甸又签订了《关于建设中缅原油和天然气管道的政府协议》等文件。2010年6月，中缅油气管道在两国总理共同见证下开工。经过数年施工建设，燃气管道于2013年7月开始输气，原油管道于2017年4月开始输送原油。

鉴于云南在大湄公河次区域经济合作中占据上风，而中越"两

---

① 杨祥章：《我国地方政府参与中国—东盟合作的动力、进程与特点》，《和平与发展》2018年第4期，第106页。

廊一圈"进展不如预期,广西试图通过构建国家层面的对外合作机制来获得国家对广西发展的政策倾斜。2006年7月,广西提出在既有的环北部湾基础上开展泛北部湾经济合作,将中国与越南的环北部湾经济合作扩展到隔海相临的马来西亚、新加坡、印度尼西亚、菲律宾和文莱等邻近北部湾的东盟国家。在此基础上,广西又提出了由南宁—新加坡经济走廊、泛北部湾经济合作区和大湄公河次区域构成的"一轴两翼"战略,在更大范围内整合资源,推进中国—东盟自贸区建设。① 2008年1月,国务院批准了《广西北部湾经济区发展规划》(规划期为2006—2020年),支持"加快推动形成以大湄公河次区域经济合作和泛北部湾经济合作为两翼、以南宁—新加坡经济走廊为中轴的中国—东盟'一轴两翼'区域经济合作新格局"②。事实也证明泛北部湾经济合作成功提高了广西在中国—东盟合作中的地位,使广西北部湾逐步成为中国西南重要的出海港。

20世纪90年代中期以来,云南一直积极谋划推动孟中印缅次区域经济合作,并与孟印缅三国在能源、农业、旅游、商贸和人文等多个领域保持着密切合作。③ 1999年8月,云南举办了首届"中印缅孟地区经济合作与发展国际研讨会",并通过了《昆明宣言》,启动了推进孟中印缅地区经济合作的进程。该研讨会在第3届时更名为"孟中印缅地区合作论坛",并一直连续召开了十多届。2013年5月,李克强总理访问印度期间,正式提出共建孟中印缅经济走廊,得到印度、孟加拉国和缅甸三国的积极响应。④ 孟中印缅经济合作成功从地方努力上升至国家层面推动的"一轨"共识。《"一带一路"愿景与行动》将孟中印缅经济走廊列为一带一路拟推进的六大经济走廊之一。

中缅油气管道、泛北部湾经济合作和孟中印缅经济走廊都结合了国家战略和地方发展的需求。中缅油气管道将提升中国的能源安全,

---

① 杨祥章等:《中国—东盟互联互通研究》,社会科学文献出版社2016年版,第37—38页。
② 《广西北部湾经济区发展规划》,2008年1月;杨祥章:《我国地方政府参与中国—东盟合作的动力、进程与特点》,《和平与发展》2018年第4期,第99页。
③ 邹春萌、杨祥章:《东盟N-X机制及其对孟中印缅经济走廊建设的启示》,《南亚研究》2016年第3期,第138页。
④ 同上。

更重要的是，它将增强缅甸和云南之间的相互依赖。① 中缅油气管道是除中亚油气管道、中俄原油管道之外，中国的第三条跨境能源运输通道，是中国在西南方向的重要陆上进口通道，对中国提升能源安全以及优化全国能源供应格局具有重大意义。设计规模为年产 1300 万吨的云南安宁炼油厂是中缅油气管道的配套项目，不仅可为云南新增一批就业岗位，带动云南炼化业的发展，还提升了云南在中国成品油市场中的地位。泛北部湾经济合作得到认可，是因为它涵盖了东盟全部的临海国家。当时，在大湄公河次区域经济合作带动下，中国与中南半岛的东盟国家间关系更为密切，泛北部湾经济合作被认为有望加强中国与东盟海岛国家的合作，以平衡中国与整个东盟的关系。泛北部湾经济合作倡议顺应了中国经济发展的新动态，抓住了中国对外开放新态势、发展与东盟国家关系新需求带来的机遇。在泛北部湾合作构想中，广西被定位为中国对东盟开放合作的重要基地和战略重心，这凸显了广西提出该合作的自身考虑。② 孟中印缅经济走廊有望加强云南连接南亚、东南亚和中国的枢纽作用，为中国获得印度洋的出海口。受多种因素的影响，孟中印缅经济走廊的建设进展不如预期。虽然孟中印缅四国联合工作组在 2013 年就成立了，并于当年 12 月在昆明召开了首次会议，但截至 2019 年 7 月，联合工作组仅先后在中国昆明、孟加拉国达卡和印度加尔各答召开了 3 次会议。中国和缅甸在 2018 年 9 月签署了共建中缅经济走廊的谅解备忘录，先从双边着力，推动孟中印缅经济走廊局部先行。

二 地方行为偏离中央政策

在对外关系中，中央政府和地方政府的行为出发点会有所不同。中央政府更多从政治关系和地缘安全等宏观战略角度出发，地方政府则更重视经济利益和发展诉求，虽然两者并不完全背离，但双方存在

---

① Linda Jakobson, Dean Knox, *New Foreign Policy Actors in China*, Stockholm International-al Peace Research Institute (SIPRI) Policy Paper No. 26, September 2010, p. 33.

② 杨祥章：《大湄公河次区域经济合作与泛北部湾经济合作比较研究》，《东南亚纵横》2010 年第 3 期，第 75 页。

事实上的利益出发点差异。① 利益出发点的差异性会在一定程度上造成地方行为对中央政策的偏离，虽然这种偏离并不会改变地方涉外活动从属于中央的性质，但地方的不当行为往往会被外界视为中国的国家作为，进而可能影响到中国的国际形象，及其与相关东盟国家的关系和长远合作。

在中新合作的苏州工业园建设过程中，新加坡曾对当地政府表示不满，认为当地政府没有贯彻两国签署的合作协议，同期吸引外资流向苏州新区的做法损害了苏州工业园新加坡投资方的利益。② 但苏州工业园的建设离不开当地政府的支持，为获得当地政府对发展苏州工业园区的支持，新加坡将最初65%的股份减持到35%（后因融资，2014年10月实际持股28%）。③ 此外，还有学者认为，出于维护本省经济利益的考虑，云南对非法赴缅开采自然资源的行为、海南对本地渔民在南海的非法捕鱼行为均监管不力。云南参与的缅甸北部替代种植产业园因为征用土地引发了当地民众的不满。海南为了本地经济发展，鼓励作业渔船进入南海争议区捕鱼，引发了中国和相关东盟国家的外交摩擦。④ 2015年，缅甸逮捕了在中缅边境非法伐木的155名中国公民，经云南德宏、临沧、保山等地进口缅甸非法木材的问题一度成为国际热点，不仅让中国承受了巨大的国际舆论压力，也影响到

---

① 参见卢光盛《地方政府参与区域合作的国际制度分析——以云南、广西为例》，《东南亚南亚研究》2009 年第 2 期，第 32—36 页；Peter T. Y. Cheung and James T. H. Tang, "External Relations of China's Province", in David M. Lampton ed., *The Making of Chinese Foreign and Security Policy in the Era of Reform* 1978 - 2000, California, Stanford University Press, 2011, pp. 119 - 120；杨祥章《我国地方政府参与中国—东盟合作的动力、进程与特点》，《和平与发展》2018 年第 4 期，第 106 页。

② "The Trouble with Singapore's Clone", *The Economist*, January 1, 1998, http://www.economist.com/node/109477; "Suzhou project: wounded pride", http://www.singapore-window.org/sw99/90708fe.htm.

③ "Suzhou Industrial Park: 10 things to know about the China-Singapore project", *The Strait Times*, http://www.straitstimes.com/asia/east-asia/suzhou-industrial-park-10-things-to-know-about-the-china-singapore-project.

④ Audrye Wong, "More than Peripheral: How Provinces Influence China's Foreign Policy", *The China Quarterly*, No. 235, September 2018, pp. 751 - 752; Shahar Hameiri, Lee Jones, "Rising Powers and State Transformation: The Case of China", *European Journal of International Relation*, Vol. 22 (I), 2016, p. 88.

中国在缅甸各界中的形象。这些行为或许并非地方的本意，而只是政府部门缺位的结果。监管缺位是地方能动性没有充分发挥的结果。凡此种种因地方监管不到位而引发的负面事件都会影响到相关东盟国家及其民众对中国的认可和支持，进而制约中国与东盟国家间关系的持续健康发展。

第二节 地方间互动

在参与中国—东盟合作时，不同地方政府间既存在合作，也存在明显的竞争。地方间合作提升了中国与东盟开展合作的总体能力，地方间竞争则客观上制约了中国与东盟关系的良性发展。不同省（区、市）参与中国—东盟合作的利益矛盾迫切需要中央政府从宏观上进行统筹和协调。

一 地方间合作

地方多样性蕴含着中国对外关系展开中可能的地地合作，地方间越富差异性，在对外关系中的地地合作越有可能性。[①] 但也有具有相同特点的省区联手，为与东盟开展合作增加筹码。事实上，随着各地竞相参与中国—东盟合作，除维护边境安全等特殊领域外，其他领域几乎都存在地方间合作，有的领域为某个省（区、市）牵头，在其中发挥领头羊作用；有的则没有具体的牵头省（区、市）。例如，在广西和贵州作为承办方的中国—东盟博览会和中国—东盟教育交流周中，其他省（区、市）也在积极参与。中国西南经协会[②]和国际陆海贸易新通道是多个地方间协作参与中国—东盟合作的典型。

[①] 张鹏：《中国对外关系展开中的地方参与研究》，博士学位论文，上海外国语大学，2013年，第8页。

[②] 为加强跨省区经济合作，1984年，四川、云南、贵族、广西和重庆发起成立了"中国西南四省（区）五方经济协调会"。在西藏、成都的相继加入和重庆成为直辖市后，该协调会改名为"中国西南六省（区市）七方经济协调会"，本书将其简称为"中国西南经协会"。

（一）西南经协会共同开拓东南亚市场

随着中国与东盟关系的发展，中国西南经协会的议程也从加强内部合作扩大到共同参与对东盟合作，以及向中央争取参与对东盟合作的支持。1992年，中国西南经协会年会主要议程和政策建议就包括"请求中央政府给予政策支持，使该地区向南亚和东南亚开放""共同开拓南亚和东南亚的市场"。1992年10月在昆明举行的第9届年会上，中国西南经协会通过了有关该地区对外贸易的三个重要文件，即《中国西南五省（区）七方经济协调会关于加快对东南亚和南亚开放的要求》《中国西南五省（区）七方经济协调会关于如何加快实施开放政策和发展经济技术合作的建议》《中国西南五省（区）七方经济协调会关于如何采取集体行动打开东南亚和南亚市场的政策》。[1]其中，"共同开拓南亚和东南亚的市场"的建议在1995年和1996年的年会继续被提出。

中国西南经协会各成员省（区、市）组团参与中国—东盟合作的一大成果是自1993年开始举办中国昆明进出口商品交易会（简称"昆交会"）。其主办方为中国商务部和中国西南经协会各成员省（区、市）政府，承办方为云南省政府，云南省商务厅设有昆交会办公室作为其常设机构。截至2019年9月，昆交会已连续成功举办了26届。

（二）多地协力推动国际陆海贸易新通道

国际陆海贸易新通道是一个典型的由地方间联合推动并得到中央认可和支持的国际合作案例。由中国和新加坡共同倡议，多个中国省（区、市）联动参与。重庆和广西作为国际陆海贸易新通道主要节点，在其中发挥着领头羊作用。

重庆地处内陆，在参与中国—东盟交通基础设施互联互通上并不具备优势。2015年落户重庆的中新（重庆）战略性互联互通项目给重庆提供了不可多得的历史性机遇。2017年8月，重庆、广西、贵州、甘肃四省（区、市）在新加坡陈振声部长来访期间签署了《关

---

[1] 郑永年：《中国的"行为联邦制"：央地关系的变革与动力》，邱道隆译，东方出版社2013年版，第261—262、286页。

于合作共建中新互联互通项目南向通道的框架协议》。与此同时，重庆、南宁、贵州、兰州四地海关、检验检疫有关负责人签署了《关于支持推进中新互联互通项目南向通道建设合作备忘录》，为国际陆海贸易新通道的便利通关保驾护航。① 广西和甘肃先后以文件形式将参与国际陆海新通道建设作为重点项目。2017 年 12 月，广西专门下发了《广西加快推进中新互联互通南向通道建设工作方案（2018—2020 年）》，提出"加快形成通过广西沿海、沿边连通'一带一路'的现代化多式联运网络，将南向通道建设成为连接中国与东盟时间最短、服务最好、价格最优的国际陆海贸易新通道"②。2018 年 5 月，甘肃省发布了《甘肃省通道物流产业发展专项行动计划》，提出将"建设互联互通南向通道"列为 12 项通道物流产业发展的重点任务之首，"逐步将兰州国际港务区打造成物流高效便捷、区域产业联动、经贸合作互动的国际陆海贸易通道枢纽"③。

随着国际陆海贸易新通道建设的推进，参与省区日益增多。2018 年全国两会期间，来自重庆、广西、贵州、甘肃、青海、云南、陕西等地的 20 多名全国政协委员联名提案，建议将国际陆海贸易新通道纳入国家战略。④ 云南、四川、内蒙古、陕西、青海、新疆等省区均派出代表参加了 2018 年 4 月召开的中新互联互通项目国际陆海贸易新通道中方联席会议。2019 年 5 月，在第二届中国西部国际投资洽谈会上，重庆、广西、贵州、甘肃、青海、新疆、云南、宁夏、陕西等 9 省（区、市）共同签署了合作共建国际陆海贸易新通道协议。2019 年 8 月，中国国家发改委关于印发了《西部陆海新通道总体规划》，涉及内蒙古、广西、海南、重庆、四川、贵州、云南、西藏、陕西、甘肃、青海、宁夏和新疆等 13 个省（区、市）。2019 年 10

---

① 杨祥章、郑永年：《"一带一路"框架下的国际陆海贸易新通道建设初探》，《南洋问题研究》2019 年第 1 期，第 12 页。
② 《广西壮族自治区人民政府办公厅关于印发〈广西加快推进中新互联互通南向通道建设工作方案（2018—2020 年）〉的通知》（桂政办发〔2017〕197 号），2017 年 12 月。
③ 《甘肃省人民政府办公厅关于印发〈甘肃省通道物流产业发展专项行动计划〉的通知》（甘政办发〔2018〕87 号），2018 年 5 月。
④ 杨祥章、郑永年：《"一带一路"框架下的国际陆海贸易新通道建设初探》，《南洋问题研究》2019 年第 1 期，第 11 页。

月，来自 12 个西部省（区、市）与海南、广东湛江的代表在重庆共同签署了《合作共建西部陆海新通道框架协议》。

在参与中国—东盟合作中，广西联合其他省（区、市）争取中央政府政策支持取得了较大成功。除了上述的西南经协会和国际陆海贸易新通道外，广西在沿边金融综合改革试验区和北部湾城市群建设中也与兄弟省区开展了务实合作。2016 年 2 月，广西和云南在南宁召开了深入推进沿边金融综合改革试验区建设工作座谈会，并在会后签署了《云南省、广西壮族自治区建设沿边金融综合改革试验区合作备忘录》和《云南省建设沿边金融综合改革试验区领导小组办公室、广西壮族自治区沿边金融综合改革试验区工作领导小组办公室建设沿边金融综合改革试验区合作协议》。2017 年 1 月，《国务院关于北部湾城市群发展规划的批复》正式下发，明确北部湾城市发展群"以打造面向东盟开放高地为重点"，"充分发挥对'一带一路'有机衔接的重要门户作用和对沿海沿边开放互动、东中西部地区协调发展的独特支撑作用"。[1] 通过联合广东和海南，广西成功使南宁成为北部湾城市发展群规划"一核两极"中的核心城市。

二 地方间竞争

在参与中国—东盟的过程中，部分省区存在竞争已是一个不争的事实。一些具有相似优势的地方政府在开展对东盟合作时制定的政策和规划往往具有同质性，从而导致彼此间的竞争走向白热化。广西与云南之间的竞争非常具有代表性，但又并非个案。随着各地对开展与东盟合作的重视，越来越多的省（区、市）为了本地利益的最大化而相互争斗。

（一）广西与云南角逐面向东盟开放门户

多年来，毗邻东南亚的广西与云南一直争当面向东盟开放的重要门户，并展开了激烈的竞争。一方面受云南 20 世纪 90 年代以来与东南亚合作取得明显成效的刺激，另一方面受国内和国际环境变化的影

---

[1] 《国务院关于北部湾城市群发展规划的批复》（国函〔2017〕6 号），2017 年 1 月；杨祥章：《我国地方政府参与中国—东盟合作的动力、进程与特点》，《和平与发展》2018 年第 4 期，第 104 页。

响，广西自21世纪以来加大了与云南争夺中央支持和优惠政策的力度，并逐渐后来居上。① 2009年通过评审的《南宁区域性金融中心建设规划》提出在2020年把南宁建设成为依托广西、立足西南、服务泛北部湾经济区和中国—东盟自贸区面向东南亚的区域性国际金融中心；2011年5月《国务院关于支持云南省加快建设面向西南开放重要桥头堡的意见》明确提出，支持昆明建设成为面向东南亚、南亚的区域性国际金融中心；在这种情况下，难免会产生"中国究竟需要多少金融中心"的疑问。② 2016年10月，云南省政府出台了《关于建设面向南亚东南亚金融服务中心的实施意见》，提出将昆明打造成面向南亚东南亚的区域性国际金融中心；2018年12月，中央13部委联合印发了《广西壮族自治区建设面向东盟的金融开放门户总体方案》，2019年8月出台的自由贸易试验区对广西面向东盟的金融开放门户定位再次得到强调。在中央的授权下，面向东盟金融中心的争夺上，可以说广西已从与云南的竞争中胜出。

广西和云南都与越南接壤，为推动跨境经济合作，广西在推进东兴—芒街、凭祥—同登、龙邦—茶岭三个中越跨境经济合作区建设，云南则在建设河口—老街跨境经济合作区。两个省区都极力争取中国中央政府的支持，试图将辖内的跨境经济合作区升级为国家级跨境经济合作区。跨境经济合作区重复建设、恶性竞争现象已经开始显露，而真正的产业、产能合资却始终未能形成规模，从东兴到凭祥到云南瑞丽，红木、玉石、热带水果、热带农产品等进口，机电产品等出口高度同质化。③ 广西与云南在跨境经济合作区上的竞争会如何收尾，目前尚不可知。

(二) 广东、广西和海南争夺中国—东盟海洋合作权

云南不是广西参与中国—东盟合作的唯一竞争对手。围绕与东盟

---

① Li Mingjiang, "Local liberalism: China's Provincial Approaches to Relations with Southeast Asia", *Journal of Contemporary China*, Vol. 23, No. 86, 2014, pp. 287 – 288.

② 卢光盛、邴可：《昆明区域性国际金融中心建设进展分析》，载刘邵怀主编《中国面向西南开放重要桥头堡建设发展报告（2011—2012）》，社会科学文献出版社2012年版，第148页。

③ 卢小平：《跨境经济合作建设的国际协同——以中国与东盟三国为例》，《中国特色社会主义研究》2016年第4期，第33页。

国家的海洋合作，广东、广西和海南也存在利益矛盾，竞相希望成为中国与东盟海洋合作的主体省份。

由于担心海南在其他中国与东盟国家的次区域经济合作机制中被边缘化，设立在海南的中国南海研究院在2007年提出了成立泛南海区域经济合作组织的设想。该组织的定位是"政府主导，民间参与"，范围包括泛珠三角区、中国台湾以及印度尼西亚、马来西亚、新加坡、越南、菲律宾和文莱6个东盟国家，海南将在其中扮演主导和参与的角色。但由于海南自身的工业基础较为薄弱，加之南海存在领土争端，该提议并未进入中国与相关东盟国家的官方讨论。[①] 2012年11月，时任中国总理温家宝在中国—东盟领导人会议上提出建立"中国—东盟海洋合作伙伴关系"。此后，广东谋划向中央申请建设"中国—东盟海洋经济合作示范区"，广西提出建设"中国—东盟海洋经济合作试验区"。海南也并没有因为泛南海区域经济合作组织倡议受挫而停止参与中国—东盟海洋合作的步伐。随着21世纪海上丝路建设的推进，海南转向打造"环南海经济合作圈"和"泛南海经济合作圈"，并将与东盟国家的合作重心放到了本身具有优势的旅游领域。在其"十三五"规划中，海南提出"加强与环南海区域国家和地区合作，推动环南海经济合作进入国家战略层面"。[②] 2017年9月1日，海南省委书记刘赐贵在《人民日报》发文，提出要通过构建"泛南海经济合作圈"来推动海南与"一带一路"沿线国家和地区之间的合作，提升海南国际旅游岛的国际化水平。[③] 此外，海南还把构建"泛南海经济合作圈"列入政府工作报告，将其作为一项重点工作来抓。2018年的博鳌论坛在全球化与"一带一路"议题中专门设立了名为"21世纪海上丝绸之路与泛南海经济合作"的分论坛。

（三）内陆省区间的暗下角力

在参与中国—东盟合作的过程中，地方间的竞争也并不仅限于沿

---

① 参见《依托海南三大优势谋划构建"泛南海"组织》，《海南日报》2007年1月9日；Mingjiang Li, Chong Guan KWA, eds., *China-ASEAN Sub-regional Cooperation: Progress, Problem and Prospect*, Singapore: World Scientific, 2011, p. 9.
② 《海南省国民经济和社会发展第十三个五年规划纲要》，2016年1月。
③ 参见刘赐贵《推动打造"泛南海"经济合作圈，全面提升国际旅游岛国际化水平》，《人民日报》2017年9月1日。

边和沿海省区，内陆省区也在暗中相互较劲。

在国际陆海贸易新通道建设中，重庆与广西、贵州、甘肃四方于2018年7月签署了《关于合作共建中新互联互通项目南向通道的框架协议》。需要特别指出的是，重庆选择了甘肃，而非四川或陕西作为首批合作对象。从物流和发展潜力上看，四川和陕西要比甘肃更具资源优势。重庆的选择显得不合常理。据悉，成都和西安曾与重庆竞争将中新战略性互联互通示范项目落户本地。① 成都和西安曾是潜在对手，或许是四川和陕西没有成为重庆共建国际陆海贸易新通道首批合作伙伴的原因之一。但随着参加国际陆海贸易新通道队伍的扩大，四川和陕西已正式成为其中的一员。

国际陆海贸易新通道的一项重要定位是成为连接"一带"与"一路"的便利纽带，北上的中欧班列是其发挥纽带作用的重要载体。而重庆、四川、陕西均已开通经新疆阿拉山口发往欧洲的集装箱班列。渝新欧班列的路线为重庆团结村站始发，经新疆阿拉山口出境，先后途经哈萨克斯坦、俄罗斯、白俄罗斯、波兰，最后抵达德国杜伊斯堡；成新欧班列的路线为成都城厢站始发，经新疆阿拉山口出境，先后途经哈萨克斯坦、俄罗斯、白俄罗斯，最后抵达波兰罗兹。陕西开通的中欧班列长安号则开通了经新疆阿拉山口出境到俄罗斯、白俄罗斯、德国、意大利、芬兰、匈牙利等国的线路。可见，三地开通的中欧班列运行路线有较大的重合度。凭借其综合经济实力及重要的地理位置，四川和陕西与重庆未来在国际陆海贸易新通道向北延伸的竞争或许会更激烈。

（四）广西和重庆争当国际陆海贸易新通道领头羊

在国际陆海贸易新通道建设中，还存在广西与重庆争当领头羊的事实。这也说明，在参与中国—东盟合作时，地方间合作与竞争不仅相互交织，甚至可能是共生的。

重庆虽然是中新（重庆）战略性互联互通示范项目的落地城市和运营中心，但在国际陆海贸易新通道建设中，最为积极的却是广西。2017年7月5日，广西与甘肃签订了共同推进国际陆海贸易新

---

① 信息来源于2017年9月，笔者与新加坡东亚所研究人员的座谈。

通道的框架协议；7月下旬，广西宣布将成立渝桂新国际陆海贸易新通道协调领导小组。而重庆、广西、贵州和甘肃是8月才签署共建国际贸易陆海新通道的四方协议。广西在2017年9月和新加坡又单独签署了国际陆海贸易新通道建设合作备忘录，并在12月印发了《广西加快推进中新互联互通南向通道建设工作方案（2018—2020年）》。① 2019年5月13日，国际陆海贸易新通道广西推介会在新加坡举办。广西区委书记鹿心社、新加坡人力部部长兼内政部第二部长杨莉明、中国驻新加坡大使馆临时代办张徐民出席会议。本次推介会还举行了中国—东盟多式联运联盟落户广西南宁启动仪式，并签署了中国—东盟信息港有限公司与劲升逻辑公司签署合作建设多式联运物流信息平台等广西与新加坡重大合作项目。然而，重庆并不甘落后，2019年9月11—12日，中国（重庆）—新加坡经贸合作论坛在新加坡举办，重庆市委书记陈敏尔、新加坡贸工部长陈振声、新加坡人力部部长兼内政部第二部长杨莉明、中国驻新加坡大使洪小勇等出席。在此次论坛上，重庆与新加坡签署了近30个合作项目。

可以看到，广西在地方间竞争中与其在地方合作中一样非常突出。凭借与东盟海陆相邻的独有优势，广西自21世纪以来获得了参与中国—东盟合作的许多机遇，与兄弟省区间的竞争也最为激烈。有学者甚至认为，广西参与中国—东盟合作提出的诸多计划引发了其他省区的嫉妒，因此广西的泛北部湾经济合作、"一轴两翼"和钦州免税港等计划并没有得到云南、广东和其他省的支持。②适度、良性的竞争会激发地方参与中国—东盟合作的潜力，优化流向东盟国家的资源配置，而过度竞争却会让东盟国家在不同地方政府提供的诸多选项中无所适从，从而会增加中国对东盟总体外交的成本。在东盟国家看来，中国地方政府的参与已经给它们带来困惑与不便，急需中国先从内部进行厘清。东盟国家甚至希望中国中央政府设立一个特殊的组

---

① 杨祥章、郑永年：《"一带一路"框架下的国际陆海贸易新通道建设初探》，《南洋问题研究》2019年第1期，第18页。

② Joseph Y. S. Cheng, "China-ASEAN Economic Cooperation and the Role of Provinces", *Journal of Contemporary Asia*, Vol. 43, No. 2, 2013, p. 331.

织，在中国不同省区间进行协调，以避免潜在的冲突，确保合作更顺畅。① 然而，在各省区竞相参与中国—东盟合作的大趋势下，地方间的争斗在短期内难以平息。

本章小结

从理论上看，地方应当不折不扣地执行和实施中央的法律、法规和政策。但实际上，地方具有自己的利益，会根据自身的实际情况来行使中央赋予的权力。地方的代理人本质和能动性特征对中央与地方、地方与地方在与东盟国家合作中的互动产生了深刻的影响。

作为具有一定能动性的代理人，地方不仅是中央利益的代表，也是地方利益的代表。地方利益处于国家利益的总体范畴之内，但地方与中央的利益优先秩序并非绝对一致。随之而来的是在与东盟国家开展合作时，央地之间出现以协作为主、以摩擦为辅的互动。地方贯彻落实中央的东盟政策，发挥能动性为中国—东盟合作进行新的探索，并提出了一些得到中央支持的地方倡议。与此同时，将地方利益置于优先地位导致地方出现部分行为有悖于中国—东盟友好合作大局的要求，给中国—东盟关系的发展带来一定负面影响。

在参与中国—东盟合作时，不同的地方之间也存在利益交集与分歧。它们或为了共同利益联合起来，或为了本地利益最大化而相互竞争，既为中国—东盟合作注入了活力，也在一定程度上削弱了对东盟合作的总体实力，为中国—东盟合作的可持续发展埋下了隐患。

在单个委托人和多个代理人的情况下，地方间竞争的目标是成为中国—东盟某个合作领域或具体项目的主导者，途径是通过中央的授权认可。因此，中央在地方竞争中是事实上的仲裁者，可以通过是否授权及授权程度影响地方参与中国—东盟合作的作为。

---

① John Wong and Teng Siow Song, "Beibu Gulf in ASEAN-China Economic and Trade Relations: Views from Singapore", in Do Tien Sam ed., *ASEAN-China Cooperation in the New Context*, Hanoi: Encyclopedia Publishing House, 2008, p. 89.

第 六 章

地方参与中国—东盟合作展望

无论从法律还是实践层面，在中国对外关系展开的过程中，地方对中央的从属地位是毋庸置疑的，作为中央政府外交活动的衍生与补充，地方部门的参与和配合支持了中国对外关系展开的大局。① 自1991年中国与东盟建立对话关系以来的实践证明，地方对中国—东盟合作的全面参与总体上促进了中国—东盟关系的持续发展。深化地方参与是开展中国周边外交和构建中国—东盟命运共同体的现实需求。中央政府对地方参与中国—东盟合作的重视程度前所未有，地方的参与意愿和能力也在逐步提升。鉴于地方参与对外合作还存在提升的空间，只有中央和地方共同努力，形成更良好的纵向和横向府际互动局面，才能使地方参与更好地服务于中国周边外交和中国—东盟命运共同体建设。

第一节 地方参与中国—东盟合作的趋势

地方参与中国—东盟合作呈现出一些明显的趋势。一方面，中国周边外交对地方参与中国—东盟合作提出了新的需求，中央对地方参与越来越重视；另一方面，地方的参与意愿和能力的增强，地方的参与主体日渐多元化。

---

① 张鹏：《中国对外关系展开中的地方参与研究》，博士学位论文，上海外国语大学，2013年，第7页。

一 周边合作对地方参与的需求增大

周边邻国众多是中国对外关系开展中最基本的现实，周边外交在中国总体外交中的重要性增强不言而喻。在走向大国外交之路的过程中，中国不可避免地将周边作为实现民族伟大复兴的优先方向。只有处理好与周边国家的关系，中国才能更好地在地区和全球舞台上发挥大国应有的作用。

党的十八大以来，中国周边外交开拓进取，提出了一系列重要理念、倡议和构想，包括构建周边命运共同体、践行"亲诚惠容"的周边外交理念与坚持正确的义利观、推进"一带一路"建设和周边互联互通、倡导亚洲新安全观、推动澜沧江—湄公河合作等。未来一个时期，更重要的是让这些理念、倡议和构想在复杂的周边环境中有效推进、落地生根、深入人心，使其被周边国家更普遍、更衷心地接受。[①] 东盟是中国开展周边外交和构建人类命运共同体的先行先试区。东盟与中国之间良好的关系有利于强化中国和平崛起的主张，东盟地区就是中国证明自己最好的实验室。[②] 东盟国家的经济活力、战略性地理位置对中国的重要性，及其对中国崛起存在的疑虑都远甚于其他国家，获得东盟国家的支持对中国展现负责任大国形象尤为重要。[③] 中国在东南亚地区的政策也出现调整，提出"2+7"框架，努力提供更多公共产品，培养良好形象，与东盟国家携手寻找解决南海问题的新途径。[④] 当前，构建中国—东盟命运共同体已成为双边关系发展的长远目标。

在中央政府的统一领导下，赋予地方政府更大的对外交往空间，充分发挥次国家政府外交的特长及优势，推动各地方政府围绕国家整

[①] 周方银：《周边外交新形势与中国外宣新要求》，《对外传播》2019年第4期，第36页。

[②] 马凯硕、孙合记：《东盟奇迹》，翟崑、王丽娜译，北京大学出版社2017年版，第104—105页。

[③] Aileen S. P. Baviera, "China's Strategic Foreign Initiatives Under Xi Jinping", *China Quarterly of International Strategic Studies*, Vol. 2, No. 1, 2016, p. 71.

[④] Wang Lina and Zhai Kun, "China's Policy Shifts on Southeast Asia: To Build a 'Community of Common Destiny'", *China Quarterly of International Strategic Studies*, Vol. 2, No. 1, 2016, pp. 85–91.

体外交战略形成合力而非无序竞争,实现国际、国家和地方的多层共赢,应是中国次国家政府外交的终极目标。[1] 地方是中国周边外交政策的具体执行者。动员和整合地方资源用于参与对外合作也是提升中国整体对外关系总体实力的必然要求和有效途径。继 2016 年 3 月启动澜湄合作之后,2017 年 11 月,习近平总书记对老挝进行国事访问期间,提出了与老挝共建起自云南直抵老挝南部的中老经济走廊,打造中老命运共同体;数天之后,中国又提出与缅甸共建从云南经曼德勒到仰光新城和皎漂经济特区的中缅"人字形"经济走廊。良好的前期合作基础使得沿边地方政府在中国与中南半岛东盟国家命运共同体建设中大有可为。[2] 2020 年 1 月,习近平主席在中缅建交 70 周年即将来临之际,再度访问缅甸。这也是习近平主席的新年首访。其间,两国就建设中缅命运共同体达成一致共识,并签署了数十项合作协议,其中多项涉及云南与缅甸的合作,包括云南与缅甸仰光建立友好省份关系的谅解备忘录。在周边外交在中国总体对外关系中处于上升趋势的大背景下,地方将担负起更大的职责与使命,维护周边地区稳定,促进中国与周边国家的合作,为中国周边外交和中国—东盟关系的提质升级贡献更大力量。

二 中央政府对地方参与的重视上升

中国国土面积辽阔,各地区社会、经济和文化具有差异性。相对于需要统管各类事务的中央政府,地方政府在对本地区实际情况的了解上具有相对优势。地方在参与对外合作上,能够采取比中央政府更为灵活的方式。为实现有效管理和既定发展目标,无论是地方事务还是对外合作,中央政府都需要地方政府的支持与配合。中央政府日益认识并肯定地方在对外事务中的积极作用,明确鼓励地方参与中国—东盟合作。

中央为打造地方对外交往的新平台、新渠道。从 2015 年开始,博鳌论坛专门设立了"中国—东盟省市长论坛对话"分论坛;2016

---

[1] 任远喆:《次国家政府外交的发展及其在中国跨境区域合作中的实践》,《国际观察》2017 年第 3 期,第 115 页。
[2] 杨祥章:《我国地方政府参与中国—东盟合作的动力、进程与特点》,《和平与发展》2018 年第 4 期,第 110 页。

年3月以来，外交部开始不定期举办省（区、市）全球推介活动。这些都是中央政府支持地方参与对外交流的新举措，为地方与东盟合作搭建的新平台。截至2019年7月，外交部已为宁夏、广西、四川、贵州、云南、安徽、吉林、内蒙古、江西、山东、福建等省（区、市）以及雄安新区举办了全球推介活动。外交部的推介活动有利于世界更好地了解中国各个省（区、市），也有利于地方扩大开放、更好地走向世界。

中央也将支持地方参与对外交往和中国—东盟合作写入了相关文件。2016年3月，首次澜湄合作领导人会议签署的《三亚宣言》明确提出鼓励六国政府部门、地方省区加强交流，商讨和开展相关合作。党的十九大报告提出，推进人大、政协、军队、地方、人民团体等的对外交往。这些都表明，中国中央政府会继续鼓励和支持地方在中国—东盟关系中发挥有益作用，扮演更积极的角色。①

三 地方参与积极性增强

地方政府掌握了与国外发生联系所需的资金和技术资源，并利用这些资源，通过参与国际合作来获得国际社会的认可。② 从第一章中地方参与中国—东盟合作的历程可以看出，地方参与中国—东盟合作的积极性日渐高涨。随着中国—东盟合作的深入，不论是邻近东南亚的沿海沿边省区，还是内陆省区，都对开展与东盟合作抱以极高的热情。

一方面，通过在参与对外事务中的各种实践，地方积累了有益的经验，逐渐找准了自身在对外合作中的优势。另一方面，地方经济与社会发展从参与中国—东盟合作中获益，提振了地方参与国际合作的信心和能力。尤其是经济总量的增长，使地方掌握了更多的可利用资源用于进一步深化与东盟国家的合作。国家统计局数据显示，中国大陆各省（区、市）2018年的GDP较1993年的GDP均增长了数十倍（参见附录表6"中国大陆省（区、市）1993年和2018年GDP对

---

① 杨祥章：《我国地方政府参与中国—东盟合作的动力、进程与特点》，《和平与发展》2018年第4期，第108页。

② Arnau Gutierrez Camps, "Local Efforts and Global Impacts: A City-Diplomacy Initiative on Decentralization", *Perspective*, Vol. 21, No. 2, 2013, pp. 51, 59.

比"）。随着经济增长而来的还有科技、医疗、教育等专业领域总体水平的发展。经济总量的大幅增长以及科技的进步使中国地方能够将更多资本用于促进与东盟国家的合作。例如，云南、广西、贵州等省区先后设立了政府奖学金，鼓励东盟国家学生到本地留学。2018年10月，云南派出医疗队赴仰光为约200名缅甸白内障患者实施了免费复明手术。2018年11月，广西举办了"中国—东盟地区肿瘤预防与控制人才培训项目"，向来自柬埔寨、印度尼西亚等国家的临床医生、基础医学人员和公共卫生研究人员传授肿瘤防控的前沿知识。前文中地方参与中国—东盟合作的表现可以看到，诸如此类的案例不胜枚举。设立面向东盟国家留学生的奖学金、派遣专家组到东盟国家进行技术传授、邀请东盟国家代表团来本地考察交流、为东盟国家提供免费医疗救治等大量相关活动的开展都是建立在地方总体实力增强的基础之上。

总体上，地方发展需求以及地缘和人文上更紧密的联系和相对的往来便利，使得与东盟接壤的沿边省区广西和云南在发展与东盟的合作时更为积极主动。[1] 虽然广东与东盟的贸易额远远高于广西和云南与东盟的贸易额；但从与东盟的贸易额对本地区整个进出口贸易量的贡献率看，与东盟国家接壤的广西和云南对与东盟的贸易更为倚重（参见附录表7—表9"广东、广西及云南对东盟贸易统计"）。作为中国的经济大省和外贸大省，广东与东盟的贸易额在2013年已突破千亿美元，但1999—2017年间，广东与东盟的贸易额始终保持在10%左右（见图6-1）。而同一时间段，与东盟的贸易额在广西和云南对外贸易总额中所占比重最高逼近60%（见图6-2）。经济上对与东盟的贸易高度依赖，是广西和云南在参与中国—东盟合作时积极性非常高的主要原因之一。

四 地方参与主体日益多元

虽然本研究从府际关系的视角出发，主要探讨的是地方参与中国—东盟合作的政府行为，但不容忽视的是地方层面参与中国—东盟

---

[1] 杨祥章：《我国地方政府参与中国—东盟合作的动力、进程与特点》，《和平与发展》2018年第4期，第104页。

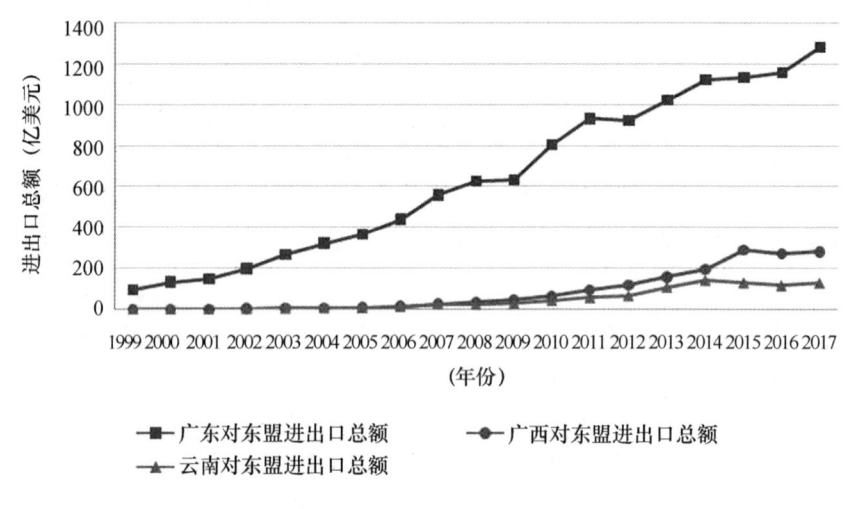

图 6-1 广东、广西、云南对东盟进出口总额对比

资料来源：笔者自制。

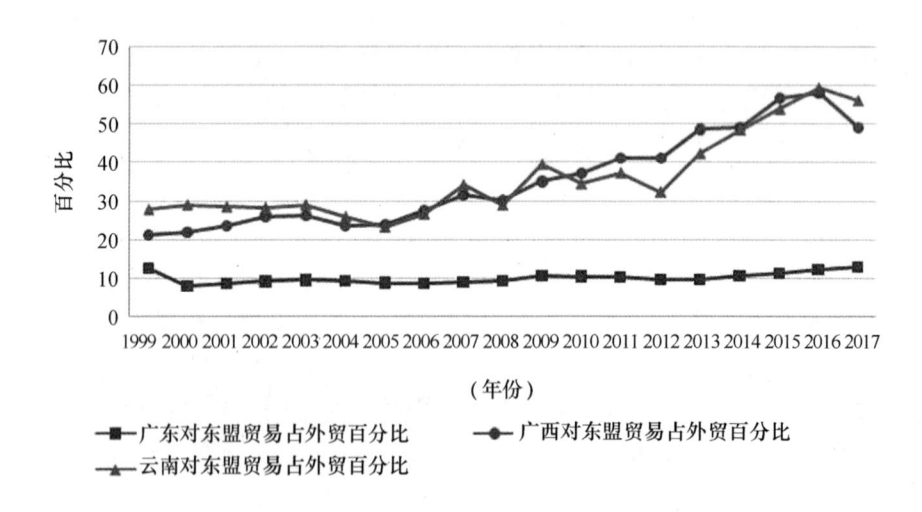

图 6-2 广东、广西、云南对东盟贸易占其外贸比

资料来源：笔者自制。

合作的主体越来越多，并通过各自的方式影响地方政府的行为和形象。

首先，参与中国—东盟合作的政府部门增多。传统上，地方外办曾是承担地方政府对外交流活动的主要部门，随着外事格局逐步成型，根据对东盟合作发展的需要，商务、侨务、统战、教育等部门都活跃在地方对外交流合作的第一线。这些部门的业务有分工，也存在一定的交叉与合作。这些政府部门的能力和配合度在很大程度上决定着地方参与中国—东盟合作时对中央政策的执行力和能动性的发挥。

其次，高校、科研、出版、友协、贸促会、民促会等事业性机构和社会组织也在积极为中国—东盟关系发展提供智力和物力支持。例如，云南 2019 年 3 月的澜湄周系列活动启动仪式，由云南省政府主办，云南省外办和云南大学联合承办，云南教育出版社协办。云南民促会在仰光地区开展了"一寺庙一电视"项目，为木姐地区提供医疗设备援助。这些机构总体上是有益于地方参与中国—东盟合作的社会力量。

最后，企业成为地方参与中国—东盟合作的重要力量。随着中国—东盟自贸区的建成和升级，越来越多的地方企业开展涉及东盟国家的商务活动，或到东盟国家投资，或进行货物贸易。在市场机制的主导下，企业的积极参与推动了地方与东盟国家的经贸合作。但逐利是企业的天性，也不乏企业为了盈利而做出有损中国—东盟关系的行为，为地方参与中国—东盟合作抹黑。

第二节　地方参与中国—东盟合作面临的挑战

虽然在中国周边外交、中国—东盟命运共同体建设和地方发展的共同需求下，地方进一步参与中国—东盟合作已是大势所趋，中央的重视和地方对外合作能力的增强也为地方参与中国—东盟合作增加了筹码，但地方参与中国—东盟合作仍有不容忽视的挑战，地方参与中国—东盟合作的效率有待提高。

一　地方参与定位有待明确

在与东南亚国家的合作中，地方不仅是中央政府政策的被动执行者，它们也提出了不少重要的倡议。① 从地方参与中国—东盟合作的历程和表现可以看到，地方在中国—东盟合作的不同阶段和不同领域发挥不同的作用；不同的省（区、市）在各个领域发挥的作用也不一样。从地方参与中国—东盟合作的路径和府际间互动可以看出，地方参与以中央政策为指导，努力在东盟地区践行中国的周边外交政策；同时，不论是为了落实中央政策还是推动地方经济发展，地方在参与中国—东盟合作时有诸多自发性举措。虽然中央对部分省（区、市）参与中国—东盟合作给予了特定的期许，但国内尚未对地方在中国—东盟关系中的总体角色形成共识。

从国际层面看，由于中国属于中央集权国家，包括东盟国家在内的国际社会普遍将中国各省（区、市）看作中国中央政策的执行者和代理人，往往忽视它们的自觉意识和能动性。从中国方面看，仅仅将地方看作中央政策执行者不仅会让中央忽视充分发挥地方的能动性，也会忽视地方的参与积极性可能对中国—东盟关系造成的负面影响。总体上，可以将地方视为中央在中国—东盟合作"具有一定能动性的代理人"，兼具代理人的本质和能动性的特征。而且这种能动性产生的影响可能是积极的，也可能是消极的。

二 地方参与促进机制有待完善

相对于中央政府，地方在参与中国—东盟合作中具有自身的优势。诚然，中央对地方参与中国—东盟合作持支持态度，并为地方与东盟国家的交流与合作提供了不少平台，但地方参与积极性和能动性的调动依然有待提高，纵向和横向合作均有待加强。

在参与中国—东盟合作的过程中，地方与中央部委及驻外使领馆间存在纵向合作，不同的省（区、市）间横向合作的案例也屡见不鲜。但这些纵横向的合作在深度和广度上还不够。从纵向上看，中央部委与地方间的类似外交部各省（区、市推介）覆盖面广的常态化合作机制较少；地方与驻东盟使领馆间的合作还有很大的拓展空间，彼此间的信息互通共享还需要加强。横向上，发达地区与沿边地区之

---

① Li Mingjiang, "Local liberalism: China's Provincial Approaches to Relations with Southeast Asia", *Journal of Contemporary China*, Vol. 23, No. 86, 2014, p. 292.

间的合作还有待加强，需要进一步发挥各自在资源、资金、技术和劳动力等方面的优势。在与东盟合作中具有类似优势的省（区、市）更需要加强彼此间的协调，制定具有差异化的对东盟合作规划，让竞争成为良性的正和博弈，而非两败俱伤的零和博弈。

三　地方参与能动性有待引导

虽然存在着一些地方阳奉阴违和损害国家利益的情况，但整体上，中国各级地方政府的国际活动是合作性的并在推动地方经济增长的同时，也促进了国家的对外经济和政治目标。[①] 不可否认，自1991年中国与东盟建立对话关系以来，地方参与中国—东盟合作对中国—东盟关系的发展做出了重要的积极贡献。但由于地方的能动性和央地利益及地方利益间的矛盾，地方参与也给中国—东盟关系带来了一定程度的负面影响。地方参与对中国周边外交及中国—东盟关系的贡献还有很大的提升空间。

随着地方参与中国—东盟合作的愿望越来越强烈，它们希望把地方发展规划纳入国家总体外交，以获得中央政府更多资源倾斜和政策支持。这就导致了地方政府行为在推动国际贸易发展的同时，对中央政府的外交政策制定形成制约，有的甚至会利用各种机会单独或联合向中央政府争取授权，寻求实现本省利益。[②] 部分地方间的合作，实际上是在联合向中央寻求更大的中国—东盟合作参与自主权。然而，地方政府并非理性的行为人，追求本地利益最大化的动机可能使地方的行为偏离中央政府的政策，导致中国对东盟政策效益受损。地方间的相互竞争则会增加中国对东盟的外交成本和地方的发展成本。

第三节　加强中国—东盟合作府际良性互动的思考

地方日益以多元化的方式活跃在国际舞台上，并成为国家总体外

[①] 陈志敏：《次国家政府与对外事务》，长征出版社2001年版，第324页。
[②] Zheng Yongnian, "Perforated Sovereignty: Provincial Dynamism and China's Foreign Trade", *The Pacific Review*, Vol. 7, No. 3, 1994, pp. 309, 313.

交和对外关系中的重要影响因素。随着地方政府在对外事务中的参与不断加强,并对一国对外政策的运作带来复杂影响,保持中央主导而充分发挥地方国际活动积极性的外交政策有助于促进一国利益的实现。[①] 地方参与中国—东盟合作成效的提升,有赖于加强中央与地方之间、地方与地方之间的良性互动。良性的府际互动需要中央加强"放管服",地方加强"服管放"。

一 中央加强"放管服"

中央有待进一步做好"放、管、服",即对地方适度授权、对地方参与进行必要管理、为地方参与做好力所能及的服务。从加强央地协力着手,共同推动中国周边外交政策在东盟的落地,促进中国—东盟命运共同体建设。

(一) 进行适度授权

在对外合作中,赋予地方政府某些外交自主权无疑是必要的。[②] 作为中央的代理人,地方参与中国—东盟合作需要中央赋予权力。中央对地方的授权是地方发挥代理人作用和激发能动性的根本动力。

在遵循国家宪法和确保中央政府在重大外交事务中主导地位的前提下,中央政府可以酌情适当扩大地方政府对外交往的事权,提高地方政府参与中国—东盟合作的积极性和能动性,扩展地方政府在推动中国—东盟关系发展中发挥有益作用的空间。当然,在对地方授权时也需要考虑因地而异,将授权与发挥地方在中国—东盟合作中的优势相结合,给予不同省区不同的激励措施和支持政策。

(二) 开展必要管理

正如在第一章的研究构想中所述,在中国这样的单一制国家,掌控对外权力的中央政府可以通过是否授权、如何授权以及授权程度来影响地方政府的行为,减少潜在的利益冲突和无序竞争。

首先,要统筹央地利益。地方作为中央政府的行为代理人,要为实现被代理人的利益服务,但同时肩负着地方发展的要务,也有自身

[①] 参见陈志敏《次国家政府与对外事务》,长征出版社2001年版。
[②] 李向阳:《"一带一路"建设需防国家利益"地方化"政策误区》,《瞭望新闻周刊》2015年第8期。

的利益诉求。地方利益与中央利益总体上是一致的。强调地方利益服从国家利益的同时，中央在涉及中国—东盟合作的大规划上，要将地方发展纳入统筹考虑范围。在相关政策规划的出台前，到地方开展调研，广泛听取地方意见。

其次，要协调地方间利益。虽然地方间存在一定程度上的合作，但为了争夺有限的内外部资源，抢占东盟市场和赢得中央对本地发展的政策倾斜，地方间的竞争显然过度，客观上增加了对外合作的总体成本。在开展对东盟合作上，中央政府需要统筹周边外交与中国沿边沿海发展，统筹中央统一指挥与重点发挥沿边、沿海积极性，防止一哄而上。[①] 通过对不同省区在对外开放中的角色进行定位，给各地指明参与中国—东盟合作的主攻方向，可以在一定程度上减少地方间的无序竞争。中央应鼓励各省（区、市）错位发展，开展互利合作，实现地区间协同发展。

（三）做好相应服务

地方在中国—东盟合作中进一步发挥能动性代理人积极作用离不开中央的支持。在与东盟国家的合作中，中央有必要为地方做好配套服务，为地方参与中国—东盟合作提供更多畅通渠道。

作为权力的垄断者，中央在对外合作中具有天然优势。中央高层推动的合作规划更容易引起东盟国家的重视和地方的积极响应。首先，中央可以为地方参与中国—东盟合作搭建更多的好平台，创造更良好的区域和国内环境。通过中央搭台、地方唱戏，协力推进中国—东盟合作的可持续发展。其次，当地方间出现无序和过度竞争时，进行必要的介入和干预，减少和避免地方间竞争对中国—东盟合作带来的不良影响。最后，中央可适时推广地方在参与中国—东盟合作中具有普遍性意义的有益做法，供其他省（区、市）参考和借鉴。

二　地方加强"服管放"

尽管地方参与对外合作的意愿和总体能力有所提升，但新时期中国—东盟合作的深入对地方参与提出了更高的要求，地方需要进一步

[①] 褚浩：《五通指数研究总报告解读》，载北京大学"一带一路"五通指数研究课题组《"一带一路"沿线国家五通指数报告》，经济日报出版社2017年版，第74页。

做好"服、管、放",即服务国家外交和地方发展、管理本地资源和参与主体、放开参与思路。

(一)服务国家外交和地方发展

地方外事是国家对外交往的重要组成部分,是服务国家总体外交的有力保障。不管形势如何变化,地方在参与对外合作时都需要加强看齐意识和服务意识。

地方从与东盟国家合作中获得收益的前提是中国与东盟国家间关系友好、有共同利益和发展目标。地方参与中国—东盟合作要为中国—东盟关系做加法,接受中央政府在外事工作上的管理和指导,为国家的对外关系和地方发展服务,要从思想和行动上主动修正和杜绝以往一些损害国家利益和国家形象、不利于中国—东盟关系长期发展的做法。总体上,地方行为要坚持与国家对东盟政策相统一,在与东盟国家的合作中全力践行"亲诚惠容"周边外交理念和与邻为善、以邻为伴的周边外交方针,以睦邻、安邻、富邻的实际行动为中国—东盟关系的提质升级贡献地方力量。

(二)管理本地资源和参与主体

首先,加强对本地可用资源的统筹调配。在中国对外开放、对内改革的大背景下,地方面临诸多发展机遇,内有长江经济带、粤港澳大湾区等发展规划,外有涉及数十个国家的"一带一路"倡议。东盟国家只是地方对外合作的努力方向之一。然而,地方可用于对外合作的财力、物力和人力均有一定限度。对有的省(区、市)而言,参与对外合作的机会不是太少,而是太多。地方需要根据自身比较优势以及与东盟国家的互补程度,确立对外合作的主攻方向,将东盟国家作为主要对外合作伙伴或者普通对外合作伙伴,将可利用的对外合作资源实现最大化的优化配置。

其次,加强对本地参与主体的指导。随着对外交往便利化的提高,地方参与中国—东盟合作的主体日渐多元化,除了外办、商务厅、侨办等诸多不同地方政府部门参与中国—东盟合作之外,企业、高校、民间团体乃至个人都成为中国—东盟经济和文化往来的参与者。这在客观上增加了影响中国—东盟关系发展的变量,同时也对地方在对外事务中的作用提出了新的要求。作为沟通中央政府与地方不同参与主体的媒介,地方需要管理和协调好不同政府部门的行为,对本地参与主体的行为进行引导和监督。[1]

最后,借助非政府参与体力量。在参与中国—东盟合作的过程中,地方可以加强与高校、科研机构、民间组织等非政府力量的合作。除了向这些非政府力量购买公共服务之外,在一轨难以撬动的领域,可以借助这些力量先从二轨、1.5轨来寻求突破。

(三) 放开参与思路

首先,充分发挥能动性。在做好中央代理人的同时,结合地方优势,发挥主观能动性,在中央允许的范围内,就与东盟国家合作开展先行先试,探索新的合作领域与合作路径。

其次,结合国内发展与国际合作。利用好中央提供的国内、国际区域合作机制和平台,将参与对外合作与国内合作相结合,加强与其他省(区、市)的沟通与协作,实现对内和对外合作的相互促进。

最后,加强与东盟国家地方的交流。跨国地方关系不仅为地方经济与社会发展注入养分,而且有助于在国际关系框架下,形成中国—东盟多元化的合作交流网络,进一步加深国际关系。[2]通过地方政府间对话机制、友好城市、地方派驻东盟国家商务办事机构等平台,加强与东盟国家地方政府的联系和往来,在地方层面就具体项目达成合作共识,需要中央政府批准的,再各自自下而上争取国家层面的支持。

本章小结

地方参与国家对外交往符合国家和地方发展的共同需求,地方对中国—东盟合作的持续深入参与是不可逆转的趋势。随着中央政府对地方参与的重视程度加深和地方参与对外合作积极性的提升,地方参与中国—东盟合作将对中国周边外交政策的实施和中国—东盟命运共同体建设大有裨益。

---

[1] 杨祥章:《我国地方政府参与中国—东盟合作的动力、进程与特点》,《和平与发展》2018年第4期,第109页。

[2] 李珍刚、胡佳:《中国—东盟跨国地方关系探析》,《广西民族大学学报》(哲学社会科学版) 2007年第29卷第2期,第93页。

地方参与中国—东盟合作面临的障碍也不容忽视。因地方在中国—东盟中的总体定位不清晰，一方面地方的能动性没有得到充分激发，另一方面地方能动性带来的部分地方行为偏离中央政策，以及地方间竞争使地方参与中国—东盟合作的成效大打折扣。地方对中国—东盟合作及中国周边外交的贡献依然有较大提升空间。

府际间的良性互动是地方参与中国—东盟合作同时服务国家需求和地方发展的必要保障。作为垄断权力及其分配权的委托人，中央需要进一步加强"放管服"。进行适度授权，激发地方能动性；开展必要管理，协调好地方与中央、地方与地方间利益；提供配套服务，通过搭平台、化矛盾、推经验，促进地方参与的良性循环。作为具有一定能动性的代理人，地方要进一步做好"服管放"，将参与中国—东盟合作立足于服务国家需求和地方发展，管理好本地资源和参与主体，并放开思路，发挥必要的能动性。只有中央和地方协力，才能实现纵向和横向的府际良好互动，促进地方、中央和中国—东盟关系的多方共赢。

结　　论

随着全球化的推进和中国对国际事务参与的程度加深，在中央的授权下，地方被推向对外交往的前沿。地方外事既是国家整体对外交往不可分割的一部分，同时也反映出国际关系发展的必然趋势。自1991年中国与东盟建立对话关系以来，中国各省（区、市）参与中国—东盟合作的积极性日益增强，成为中国周边外交和中国—东盟关系中不容忽视的影响力量。因此，本研究以府际关系为视角，考察了1991年以来地方参与中国—东盟合作的动因、表现、路径、府际互动以及发展趋势，以期对地方在中国—东盟合作中的角色和作用有更全面的认识。

一　主要研究发现

（一）地方是具有一定能动性的中央代理人

本研究认为，在中国—东盟合作中，地方是"具有一定能动性的中央代理人"，其本质是中央的代理人，但具有能动性特征，这是地方在中国—东盟合作中所扮演角色的双重属性。鉴于各省（区、市）积极参与中国—东盟合作，当前存在一个委托人、多个代理人并存的局面。

中国的中央集权单一制决定了地方政府在对外合作中是中央政府的代理人，涉外活动需要得到中央政府的授权。作为中央的代理人，地方的身影出现在中国—东盟政治安全、经贸往来和人文合作的各个领域，落实中央既定的周边外交政策和中国—东盟合作规划。领域不同，中央授权程度不同；时代不同，形势不同，地方所被赋予的使命也不同。

同时，地方又具有一定的能动性。地方已经不仅仅是中央的代理人,还肩负着地方发展的要务,在对外合作中也有自身的利益诉求。地方在与中国—东盟的合作中,不再像以往一样坐等中央授权,而是积极提出地方性倡议,并努力使其被中央政府采用和纳入国家规划。地方能动性的发挥受到至少三个方面的因素影响,即中央的授权、地方的需求以及地方间的竞争。

(二)地方参与具有多重动因和双向路径

地方的代理人本质和能动性特征的双重属性在其参与中国—东盟合作的动因和路径中得到充分体现。从这个层面看,随着改革开放的扩大和中央对地方的授权,中央和地方在国内经济领域的协作已经在一定程度上延伸到了对外合作的经济和人文领域。

地方对中国—东盟合作的参与是多重力量综合作用的结果。总体上地方参与是伴随着中国融入全球化以及中国—东盟关系发展的历程而发展,随着中国改革开放的扩大、中央权力下放和周边外交政策的调整而不断扩大,并因地方经济社会发展的客观需要而持续深入。

地方通过"自上而下"和"自下而上"双向路径参与中国—东盟合作。一方面,地方作为代理人,积极贯彻委托人的意志,落实中央的东盟政策。另一方面,地方做出了大量自下而上的尝试和努力,通过发挥能动性,希望在众多代理人中脱颖而出,赢得中央更大的授权。

(三)地方能动性带来交错的府际互动

在各省(区、市)积极参与中国—东盟合作的过程中,代理人与能动性的双重特性以及一个委托人、多个代理人的局面,导致了地方与中央、地方与地方之间展开了频繁的纵向和横向的互动。

地方与中央之间以协作为主。央地之间的协力既有地方对中央政策的贯彻,也有中央授权地方开展先行先试,以及地方倡议得到中央采纳和支持。然而,地方在参与中国—东盟合作时对本地利益的过度考量会在一定程度上造成地方行为与中央政策的背离,导致为了地方局部利益而损害国家总体利益。

不同地方政府间既存在合作,也存在明显的竞争。鉴于单一地方政府提出的倡议往往会局限于某个省(区、市)的发展,难以获得中央的足够重视。为提高地方倡议获得中央认可和授权的概率,地方间会联合起来争取中央的支持。地方间的竞争源于争夺有限的内外部资源，抢占东盟市场和赢得中央对本地发展的重视。地方间的竞争更容易发生在对东盟合作中具有类似优势的省区之间，主要表现为制定具有同质性的对东盟合作政策和规划。

（四）地方能动性是一把"双刃剑"

能动性使得地方在参与中国—东盟合作过程中采取了许多举措，不仅丰富了中国—东盟合作的形式和内容，也为深化中国—东盟关系提供了新的渠道和途径，促进了中国周边外交在东盟的落地和中国—东盟关系的持续发展。

地方的能动性也带来了地方行为偏离中央政策、地方与地方之间博弈与竞争的负面影响。地方对外合作的扩大不仅增强了地方利益主体的地位，还增加了其在中国—东盟合作中向中央争取更多授权的能力，加剧了地方间的竞争。地方行为偏离中央政策以及地方间的竞争可能对中国—东盟关系的发展形成制约，增加中国整体外交和地方发展的成本。

（五）中国—东盟合作呼吁良性的府际互动

深化地方对中国—东盟合作的参与是中国建设和谐周边、构建中国—东盟命运共同体构建的必然要求。中国周边外交的发展和地方参与中国—东盟合作积极性上升为进一步发挥地方参与的正向作用提出了新的要求。

作为权力垄断者的委托人，中央应加强对地方的"放管服"，对地方参与中国—东盟合作进行适度授权、开展必要管理，并提供一定的服务，在提高地方能动性的同时，协调好地方间的利益；作为具有一定能动性的地方，要加强"服管放"，树立服务国家利益和地方发展的意识，管理好本地资源和参与主体，并放开思路，发挥地方特有的能动性。通过央地、地地协力，构建更加良性的府际互动，为中国周边外交政策的有效落地、中国—东盟命运共同体的构建和地方经济社会的发展做出更大贡献。

二 不足之处

虽然本研究运用了大量的实证，试图从理论和经验的层面同时着手，分析府际关系视角下地方对中国—东盟合作的参与，但还存在一些不足。

一是本书主要以省级层面的地方政府作为考察对象，具有一定的局限性。现实中的地方包括省、市、县、乡等多个层级，省级以下地方政府的意见是省级政府制定参与中国—东盟合作决策的重要考量因素，其行为对中国—东盟合作也有着直接的影响，尤其是与东盟国家直接接壤的沿边地方。

二是本书注重从国内层面审视地方对中国—东盟合作参与，对东盟国家就中国地方参与中国—东盟合作所持的态度重视不够。在对外合作中，地方与中央、地方之间以及地方与外部合作伙伴三对关系之间的互动是相互交织，且彼此影响的。东盟国家对中国地方参与的态度，尤其是对地方倡议的回应程度，将影响到地方倡议被中央接纳的可能性。

地方参与中国—东盟合作是一个需要长期跟踪研究的议题，以上不足也为作者的后续研究指明了努力的方向。

附　　录

附表 1　　中国—东盟关系大事记（1991 年 7 月—2019 年 7 月）

时间	重大事件
1991 年 7 月	中国与东盟建立正式对话关系。
1994 年	中国参加刚建立的东盟地区论坛。
1996 年 7 月	中国成为东盟的全面对话伙伴。
1997 年 12 月	在马来西亚召开首次中国—东盟领导人非正式会晤，建立面向 21 世纪的睦邻互信伙伴关系。
2000 年 11 月	时任中国国务院总理朱镕基在第 4 次中国—东盟领导人会议上提出建立中国—东盟自贸区的倡议。
2001 年 11 月	在第 5 次中国—东盟领导人会议上，中国和东盟同意建立双边自贸区。
2002 年 11 月	双方签署《中国—东盟全面经济合作框架协议》，同意开展自贸区建设。此外，双方还签署了《南海各方行为宣言》。
2003 年 10 月	中国与东盟建立面向和平与繁荣的战略伙伴关系；中国正式加入《东南亚友好合作条约》。
2004 年	双方签署《中国—东盟全面经济合作框架协议货物贸易协议》和《中国与东盟争端解决机制协议》；首届中国—东盟博览会在南宁召开。
2005 年 7 月	《中国—东盟全面经济合作框架协议货物贸易协议》开始实施。
2005 年 8 月	双方签署《中国—东盟文化合作谅解备忘录》。
2006 年 10 月	召开中国—东盟建立对话关系 15 周年纪念峰会。
2007 年 1 月	双方签署《中国—东盟全面经济合作框架协议服务贸易协议》。
2008 年 10 月	双方签署《中国—东盟新闻媒体合作谅解备忘录》。

续表

时间	重大事件
2008年12月	中国派出首位驻东盟大使。
2009年8月	双方签署《中国—东盟全面经济合作框架协议投资协议》。
2010年1月	中国—东盟自贸区正式建成。
2012年9月	中国派出常驻东盟使团。
2013年10月	习近平主席倡导构建中国—东盟命运共同体；双边发表《建立战略伙伴关系10周年联合声明》。
2014年	中国—东盟文化交流年。
2014年10月	中国与东盟签署灾害管理谅解备忘录。
2015年	中国—东盟海洋合作年；双方签署《中国与东盟关于修订〈中国—东盟全面经济合作框架协议〉及项下部分协议的议定书》。
2016年	中国—东盟建立对话关系25周年；中国—东盟教育交流年。
2016年3月	首届澜湄合作领导人会议召开，标志着澜湄合作机制正式启动；签署《落实中国—东盟面向和平与繁荣的战略伙伴关系联合宣言的行动计划（2016—2020）》。
2016年9月	庆祝中国—东盟建立对话关系25周年，并签署产能合作联合声明。
2017年	中国—东盟旅游合作年。
2017年8月	中国和东盟外长通过《南海行为准则》框架。
2018年	中国—东盟建立战略伙伴关系15周年；中国—东盟创新年。
2018年11月	中国与东盟通过并发布《中国—东盟战略伙伴关系2030年愿景》。
2019年	中国—东盟媒体交流年。

资料来源：笔者根据相关报道整理。

附表2　　　　　　　人民币在东盟国际化大事记

时间	事件
2008年12月	国务院决定对广西、云南与东盟的货物贸易进行人民币结算试点。
2009年2月	中国人民银行与马来西亚国家银行签署规模为800亿元人民币/400亿林吉特的双边本币互换协议。
2009年3月	中国人民银行与印度尼西亚银行签署了规模为1000亿元人民币/175万亿印度尼西亚卢比的双边本币互换协议。

续表

时间	事件
2009年7月	中国人民银行、财政部、商务部、海关总署、国家税务总局和中国银行业监督管理委员会联合发布《跨境贸易人民币结算试点管理办法》（中国人民银行、财政部、商务部、海关总署、国家税务总局、中国银行业监督管理委员会公告〔2009〕第10号），东盟被列入跨境人民币结算的境外地域。
2010年6月	中国人民银行、财政部、商务部、海关总署、国家税务总局和中国银行业监督管理委员会联合发布《关于扩大跨境贸易人民币结算试点有关问题的通知》（银发〔2010〕186号），新增北京、天津、内蒙古、辽宁、吉林、黑龙江、江苏、浙江、福建、山东、湖北、广西、海南、重庆、四川、云南、西藏、新疆等18个省（自治区、直辖市）为试点地区；允许广西、云南具有进出口经营资格可在指定口岸与毗邻东盟国家的一般贸易和边境小额贸易出口货物开展人民币结算试点。
2010年7月	中国人民银行与新加坡金融管理局签署了规模为1500亿元人民币/300亿新加坡元的双边本币互换协议。
2010年8月	经中国人民银行授权，中国外汇交易中心在银行间外汇市场完善人民币对马来西亚林吉特的交易方式，发展人民币对马来西亚林吉特直接交易。
2010年10月	中国—东盟银行联合体成立。
2011年6月	昆明富滇银行与老挝大众银行共同推出人民币与老挝基普的挂牌汇率。
2011年6月	中国工商银行广西分行推出人民币对越南盾挂牌交易。
2011年12月	中国人民银行与泰国银行签署了中泰双边本币互换协议，互换规模为700亿元人民币/3200亿泰铢。
2011年12月	人民币对泰铢银行间市场区域交易在云南省成功推出，这是中国首例人民币对非主要国际储备货币在银行间市场的区域交易。
2012年2月	中国人民银行与马来西亚国家银行续签了中马双边本币互换协议，互换规模由原来的800亿元人民币/400亿马来西亚林吉特扩大至1800亿元人民币/900亿马来西亚林吉特。
2013年3月	中国人民银行与新加坡金融管理局续签了规模为3000亿元人民币/600亿新加坡元的双边本币互换协议。

续表

时间	事件
2013年10月	中国人民银行与印度尼西亚银行续签了规模为1000亿元人民币/175万亿印度尼西亚卢比的双边本币互换协议。
2013年10月	中新双边合作联合委员会第十次会议宣布给予新加坡500亿元人民币合格境外机构投资者（RQFII）额度。
2014年11月	中国人民银行与马来西亚国家银行签署了在吉隆坡建立人民币清算安排的合作备忘录。
2014年12月	中国人民银行与泰国银行签署了在泰国建立人民币清算安排的合作备忘录，并续签了规模为700亿元人民币/3700亿泰铢的双边本币互换协议。
2015年4月	中国人民银行与马来西亚国家银行续签了规模为1800亿元人民币/900亿马来西亚林吉特的双边本币互换协议。
2015年11月	人民币合格境外机构投资者（RQFII）试点地区扩大至马来西亚，投资额度为500亿元人民币。
2015年12月	人民币合格境外机构投资者（RQFII）试点地区扩大至泰国，投资额度为500亿元人民币。
2016年3月	中国人民银行与新加坡金管局续签双边本币互换协议，协议规模为3000亿元人民币/640亿新加坡元，有效期为3年。
2017年12月	中国人民银行与泰国央行续签双边本币互换协议，协议规模为700亿元人民币/3700亿泰铢，有效期为3年。
2018年8月	中国人民银行与马来西亚国家银行续签了双边本币互换协议，规模保持为1800亿元人民币/1100亿马来西亚林吉特，协议有效期3年。
2018年11月	中国人民银行与印度尼西亚银行续签了双边本币互换协议，规模为2000亿元人民币/440万亿印度尼西亚卢比，协议有效期为3年。
2019年1月	缅甸央行宣布将人民币作为官方结算货币。

资料来源：笔者根据中国人民银行《2018年人民币国际化报告》及相关报道整理。

附表3　东盟国家孔子学院/孔子课堂统计（截至2019年12月）

国家	孔子学院名称	外方承办机构	国内共建机构	启动时间	所在城市	备注
柬埔寨	柬埔寨王家学院孔子学院	柬埔寨王家学院	江西九江学院	2009年12月	金边	—
柬埔寨	国立马德望大学孔子学院	国立马德望大学	桂林电子科技大学	2018年12月	马德望	—
老挝	老挝国立大学孔子学院	老挝国立大学	广西民族大学	2010年3月	万象	另有1个孔子课堂
老挝	苏发努冯大学孔子学院	苏发努冯大学	昆明理工大学	2018年7月	琅勃拉邦	另有1个孔子课堂
印度尼西亚	玛拉拿塔基督教大学孔子学院	玛拉拿塔基督教大学	河北师范大学	2010年6月	万隆	—
印度尼西亚	阿拉扎大学孔子学院	阿拉扎大学	福建师范大学	2010年11月	雅加达	—
印度尼西亚	哈山努丁大学孔子学院	哈山努丁大学	南昌大学	2011年2月	锡江	—
印度尼西亚	玛琅国立大学孔子学院	玛琅国立大学	广西师范大学	2011年3月	玛琅	—
印度尼西亚	泗水国立大学孔子学院	泗水国立大学	华中师范大学	2011年5月	泗水	—
印度尼西亚	丹戎布拉大学孔子学院	丹戎布拉大学	广西民族大学	2011年11月	坤甸	—
印度尼西亚	三一一大学孔子学院	三一一大学	西华大学	2018年7月	梭罗	—
印度尼西亚	乌达雅纳大学旅游孔子学院	乌达雅纳大学	南昌大学、南昌师范学院	2019年12月	巴东	—

续表

国家	孔子学院名称	外方承办机构	国内共建机构	启动时间	所在城市	备注
马来西亚	马来西亚大学孔子学院	马来西亚大学	北京外国语大学	2012年10月	吉隆坡	另有1个孔子课堂
	世纪大学孔子学院	世纪大学	海南师范大学	2015年11月	哥打白沙罗市	
	沙巴大学孔子学院	沙巴大学	长沙理工大学 中交疏浚集团	2018年11月	哥打基纳巴卢	
	彭亨大学孔子学院	彭亨大学	河北大学	2018年11月	甘孟	
	沙捞越科技大学孔子学院	沙捞越科技大学	华北水利水电大学	2019年10月	诗巫	
缅甸	—	—	—	—	—	3个孔子课堂
菲律宾	亚典耀大学孔子学院	亚典耀大学	中山大学	2006年10月	马尼拉	—
	布拉卡国立大学孔子学院	布拉卡国立大学	西北大学	2009年2月	马洛洛斯	
	红溪礼示大学孔子学院	红溪礼示大学	福建师范大学	2009年11月	安吉利斯	
	菲律宾国立大学孔子学院	菲律宾国立大学	厦门大学	2015年10月	奎松	
	达沃雅典耀大学孔子学院	达沃雅典耀大学	华侨大学	2019年12月	达沃	
新加坡	南洋理工大学孔子学院	南洋理工大学	山东大学	2006年8月	新加坡	另有2个孔子课堂

续表

国家	孔子学院名称	外方承办机构	国内共建机构	启动时间	所在城市	备注
泰国	孔敬大学孔子学院	孔敬大学	西南大学	2006年8月	孔敬	另有11个孔子课堂
	农业大学孔子学院	农业大学	华侨大学	2006年10月	曼谷	
	皇太后大学孔子学院	皇太后大学	厦门大学	2006年11月	清莱	
	川登喜大学素攀孔子学院	川登喜大学	广西大学	2006年12月	素攀	
	清迈大学孔子学院	清迈大学	云南师范大学	2006年12月	清迈	
	宋卡王子大学孔子学院	宋卡王子大学	广西师范大学	2006年12月	宋卡	
	玛哈沙拉坎大学孔子学院	玛哈沙拉坎大学	广西民族大学	2006年12月	玛哈沙拉坎	
	曼松德昭帕亚皇家师范大学孔子学院	曼松德昭帕亚皇家师范大学	天津师范大学	2006年12月	曼谷	
	宋卡王子大学普吉孔子学院	宋卡王子大学	上海大学	2006年12月	普吉	
	勿洞市孔子学院	勿洞市政府	重庆大学	2006年12月	勿洞	
	朱拉隆功大学孔子学院	朱拉隆功大学	北京大学	2007年3月	曼谷	
	东方大学孔子学院	东方大学	温州大学、温州医学院	2009年9月	春武里	
	易三仓大学孔子学院	易三仓大学	天津大学	2015年9月	曼谷	
	海上丝路孔子学院	博仁大学	天津师范大学	2015年6月	曼谷	
	华侨崇圣大学中医孔子学院	华侨崇圣大学	天津中医药大学	2016年10月	曼谷	
	海上丝路·帕那空皇家大学孔子学院	帕那空皇家大学	大理大学	2018年6月	曼谷	
越南	河内大学孔子学院	河内大学	广西师范大学	2014年12月	河内	

资料来源：笔者根据中国汉办官网资料整理，http://www.hanban.org/。

附表 4　　中国大陆城市与东盟国家城市友城关系统计（截至 2019 年 5 月）

中国大陆城市	东盟国家城市	国别	结好时间	
北京	雅加达	印度尼西亚	1992 年 8 月	
	曼谷	泰国	1993 年 5 月	
	河内	越南	1994 年 10 月	
	马尼拉	菲律宾	2005 年 11 月	
	万象	老挝	2015 年 4 月	
	金边	柬埔寨	2018 年 5 月	
天津	海防	越南	1999 年 1 月	
	东爪哇	印度尼西亚	2012 年 9 月	
上海	大马尼拉	菲律宾	1983 年 6 月	早于 1991 年
	胡志明	越南	1994 年 5 月	
	清迈	泰国	2000 年 4 月	
	东爪哇	印度尼西亚	2006 年 8 月	
	金边	柬埔寨	2008 年 10 月	
重庆	清迈	泰国	2008 年 9 月	
	曼谷	泰国	2011 年 9 月	
	金边	柬埔寨	2014 年 1 月	
	西爪哇	印度尼西亚	2017 年 5 月	
河北清河县	诗巫	马来西亚	2013 年 6 月	
山西晋中	会安	越南	2010 年 9 月	
	琅勃拉邦	老挝	2012 年 2 月	
辽宁葫芦岛	碧武里	泰国	2002 年 9 月	
吉林长春	巴真	泰国	2011 年 9 月	
黑龙江哈尔滨	西爪哇	印度尼西亚	2017 年 5 月	
	卡加延—德奥罗	菲律宾	2007 年 3 月	
江苏	马六甲	马来西亚	2002 年 9 月	
	西哈努克	柬埔寨	2018 年 10 月	
南京	马六甲市	马来西亚	2008 年 10 月	
	斯里巴加湾市	文莱	2015 年 12 月	
	边和	越南	2018 年 5 月	
	三宝垄	印度尼西亚	2018 年 10 月	

续表

中国大陆城市	东盟国家城市	国别	结好时间	
浙江杭州	碧瑶	菲律宾	1982年8月	早于1991年
安徽	新怡诗夏	菲律宾	2003年9月	
宿州	巴东	印度尼西亚	2015年4月	
合肥	金边	柬埔寨	2018年11月	
福建	中爪哇	印度尼西亚	2003年12月	
	孔敬	泰国	2015年5月	
	琅勃拉邦	老挝	2019年4月	
厦门	宿务	菲律宾	1984年10月	早于1991年
	槟城	马来西亚	1993年11月	
	泗水	印度尼西亚	2006年6月	
	普吉	泰国	2017年5月	
福州	三宝垄	印度尼西亚	2016年6月	
莆田	诗巫	马来西亚	2012年11月	
漳州	巨港	印度尼西亚	2002年9月	
石狮	那牙	菲律宾	2002年10月	
泉州	古晋南	马来西亚	2017年10月	
江西	保和	菲律宾	2006年5月	
	暹粒	柬埔寨	2013年11月	
山东	广南·岘港	越南	1996年4月	
	北伊洛戈	菲律宾	2002年10月	
	曼谷	泰国	2018年12月	
济南	徐图利祖	印度尼西亚	2012年9月	
青岛	清迈	泰国	2008年4月	
东营	巴里巴班	印度尼西亚	2013年3月	
潍坊	清莱	泰国	2014年10月	
淄博	万那威	菲律宾	2002年4月	
河南	同塔	越南	1998年7月	
	春武里	泰国	2001年6月	
	打拉	菲律宾	2011年9月	
	马鲁古	印度尼西亚	2011年9月	
	磅湛	柬埔寨	2014年9月	
	干拉	柬埔寨	2014年9月	
濮阳	诗巫	马来西亚	2013年1月	
湖北	莱特	菲律宾	2004年2月	

续表

中国大陆城市	东盟国家城市	国别	结好时间	
黄冈	依木斯	菲律宾	2011年12月	
襄阳	茶胶	柬埔寨	2016年8月	
武汉	曼谷	泰国	2018年11月	
湖南	义安	越南	2001年11月	
	万象	老挝	2018年11月	
长沙	武吉知马	新加坡	1994年4月	
湘潭	边和	越南	2001年11月	
广东	北苏门答腊	印度尼西亚	2002年3月	
	宿务	菲律宾	2009年11月	
	胡志明	越南	2009年11月	
	马六甲	马来西亚	2015年9月	
广州	马尼拉	菲律宾	1982年11月	早于1991年
	泗水	印度尼西亚	2005年12月	
	曼谷	泰国	2009年11月	
潮州	曼谷	泰国	2005年11月	
揭阳	南邦	泰国	2006年8月	
汕头	芹苴	越南	2005年8月	
汕尾	日里昔利冷	印度尼西亚	2009年11月	
广宁县	诗巫	马来西亚	2013年6月	
深圳	金边	柬埔寨	2017年12月	
广西	素叻他尼	泰国	2004年11月	
	波罗勉	柬埔寨	2007年10月	
	宿务	菲律宾	2010年6月	
	霹雳	马来西亚	2011年4月	
	仰光	缅甸	2014年3月	
	琅勃拉邦	老挝	2014年5月	
	暹粒	柬埔寨	2014年10月	
	胡志明	越南	2015年9月	
	西爪哇	印度尼西亚	2017年5月	
	广南	越南	2018年9月	

续表

中国大陆城市	东盟国家城市	国别	结好时间
百色	贡布	柬埔寨	2008 年 10 月
北海	合艾	泰国	2005 年 10 月
	普林塞萨港	菲律宾	2007 年 4 月
	三宝垄	印度尼西亚	2008 年 10 月
	白马	柬埔寨	2010 年 8 月
崇左	莫拉限	泰国	2011 年 7 月
	谅山	越南	2013 年 2 月
	他曲	老挝	2015 年 9 月
	腊达那基里	柬埔寨	2016 年 10 月
防城港	下龙	越南	2008 年 4 月
	槟港	印度尼西亚	2011 年 12 月
	黎逸	泰国	2018 年 12 月
防城区	海河	越南	2015 年 2 月
贵港	三宝颜	菲律宾	2016 年 10 月
河池	罗勇	泰国	2013 年 3 月
贺州	圣费尔南多	菲律宾	2004 年 11 月
	太平	越南	2011 年 8 月
来宾	拉瓦格	菲律宾	2005 年 10 月
	北宁	越南	2010 年 9 月
柳州	永安	越南	2004 年 11 月
	穆汀鲁帕	菲律宾	2004 年 11 月
	万隆	印度尼西亚	2005 年 8 月
	罗勇	泰国	2005 年 10 月
南宁	孔敬	泰国	2002 年 6 月
	海防	越南	2006 年 3 月
	达沃	菲律宾	2007 年 9 月
	西哈努克	柬埔寨	2007 年 10 月
	仰光	缅甸	2009 年 10 月
	占巴塞	老挝	2010 年 10 月
钦州	龙仔厝	泰国	2007 年 3 月

续表

中国大陆城市	东盟国家城市	国别	结好时间
梧州	庄他武里	泰国	2004 年 11 月
	川圹	老挝	2015 年 11 月
玉林	北榄坡	泰国	2008 年 10 月
大兴县	下琅	越南	2013 年 12 月
东兴	东勿里洞	印度尼西亚	2014 年 5 月
	芒街	越南	2015 年 10 月
	吴哥通	柬埔寨	2016 年 11 月
龙州县	复和	越南	2013 年 9 月
	巴色	老挝	2014 年 12 月
那坡县	苗皇	越南	2011 年 11 月
田阳	金成	越南	2012 年 6 月
宁明县	禄平	越南	2013 年 11 月
凭祥	高禄	越南	2013 年 11 月
桂林	下龙	越南	2018 年 2 月
海南	宿务	菲律宾	1996 年 6 月
	普吉	泰国	2005 年 9 月
	磅湛	柬埔寨	2007 年 3 月
	广宁	越南	2007 年 4 月
	巴厘	印度尼西亚	2011 年 10 月
	槟榔屿	马来西亚	2013 年 11 月
	琅勃拉邦	老挝	2016 年 7 月
	巴拉望	菲律宾	2017 年 7 月
三亚	拉普拉普	菲律宾	1997 年 7 月
海口	仰光	缅甸	2017 年 6 月
四川	素攀武里	泰国	2010 年 6 月
	呵叻	泰国	2017 年 5 月
	西爪哇	印度尼西亚	2017 年 5 月
成都	棉兰	菲律宾	2002 年 12 月
	清迈	泰国	2015 年 3 月
乐山	巴蜀	泰国	2013 年 10 月

续表

中国大陆城市	东盟国家城市	国别	结好时间
云南	清莱	泰国	2000 年 9 月
	巴厘	印度尼西亚	2003 年 11 月
	暹粒	柬埔寨	2006 年 4 月
	班迭棉吉	柬埔寨	2011 年 12 月
	沙捞越	马来西亚	2017 年 3 月
	老街	越南	2017 年 8 月
保山	密支那	缅甸	2010 年 6 月
大理	古晋北	马来西亚	2017 年 3 月
德宏	达府	泰国	2009 年 3 月
昆明	清迈	泰国	1999 年 6 月
	曼德勒	缅甸	2001 年 5 月
	仰光	缅甸	2008 年 12 月
	金边	柬埔寨	2011 年 6 月
	万象	老挝	2011 年 10 月
	岘港	越南	2015 年 2 月
普洱	丰沙里	老挝	2008 年 6 月
	彭世洛	泰国	2011 年 11 月
思茅区	丰沙里县	老挝	2014 年 9 月
西双版纳	琅勃拉邦	老挝	2002 年 10 月
玉溪	占巴塞	老挝	2009 年 10 月
富宁县	苗旺	越南	2009 年 10 月
河口县	老街	越南	2006 年 6 月
麻栗坡县	北光	越南	2008 年 5 月
屏边县	沙巴	越南	2016 年 12 月
瑞丽	木姐	缅甸	2012 年 10 月
文山	河江	越南	2007 年 8 月
曲靖	佛统	泰国	2019 年 1 月
陕西	素可泰	泰国	2005 年 5 月
	暹粒	柬埔寨	2019 年 5 月
甘肃兰州	阿尔贝	菲律宾	2007 年 8 月

续表

中国大陆城市	东盟国家城市	国别	结好时间
临夏	吉兰丹	马来西亚	2013年10月
宁夏	巴拉望	菲律宾	2016年7月
	西努沙登加拉	印度尼西亚	2017年9月
贵州	暹粒	柬埔寨	2017年6月

资料来源：笔者根据中国国际友好城市联合会相关数据整理，http://www.cifca.org.cn/Web/index.aspx。

附表5　历届中国—东盟博览会简况（截至2019年11月）

届次	举办时间	主题	主要出席领导人（时任职务）
第一届	2004年11月	共注合作之水，启动时代之钟	中国国务院副总理吴仪、柬埔寨首相洪森、老挝总理本扬、缅甸总理吴梭温、泰国副总理披尼、越南副总理范家谦、东盟秘书长王景荣
第二届	2005年10月	10+1>11，合作印鉴	中国国家副主席曾庆红、柬埔寨首相洪森、缅甸总理吴梭温、老挝国家副主席朱马里、泰国第一副总理颂奇、越南常务副总理阮晋勇、东盟秘书长王景荣
第三届	2006年10—11月	中国—东盟建立对话关系15周年	中国国务院总理温家宝、菲律宾总统阿罗约、文莱苏丹哈桑纳尔、柬埔寨首相洪森、印度尼西亚总统苏西洛、老挝总理波松、缅甸总理吴梭温、新加坡总理李显龙、泰国总理素拉育、越南总理阮晋勇、东盟秘书长王景荣
第四届	2007年10月	港口合作	中国国务院副总理曾培炎、文莱王储穆赫塔迪、柬埔寨首相洪森、老挝总理波松、越南总理阮晋勇、东盟秘书长王景荣
第五届	2008年10月	信息通信合作	中国国务院副总理王岐山、柬埔寨首相洪森、缅甸总理吴登盛、老挝国家副主席本扬、柬埔寨副首相贺南洪、越南副总理黄忠海、东盟秘书长素林

续表

届次	举办时间	主题	主要出席领导人（时任职务）
第六届	2009年10月	中国—东盟自由贸易区与东盟一体化：合作共进	中国国务院副总理李克强、老挝总理波松、越南常务副总理阮生雄、东盟秘书长素林
第七届	2010年10月	自贸区与新机遇	中国全国政协主席贾庆林、印度尼西亚副总统布迪约诺、老挝副总理阿桑、越南副总理张永仲、东盟秘书长素材
第八届	2011年10月	环保合作	中国国务院总理温家宝、马来西亚总理纳吉布、柬埔寨首相洪森、缅甸副总统吴丁昂敏乌、老挝副总理宋沙瓦、泰国副总理吉迪拉、越南副总理阮春福、东盟秘书长素林
第九届	2012年9月	科技合作	中国国家副主席习近平、缅甸总统吴登盛、老挝总理通邢、越南总理阮晋勇、马来西亚副总理穆希丁、泰国副总理吉迪拉、东盟副秘书长林康宪
第十届	2013年10月	区域合作发展——新机遇、新动力、新阶段	中国国务院总理李克强、缅甸总统吴登盛、柬埔寨首相洪森、老挝总理通邢、泰国总理英拉、越南总理阮晋勇、新加坡副总理张志贤、泰国副总理尼瓦塔隆、老挝党中央书记处书记苏甘、东盟秘书长黎良明
第十一届	2014年9月	共建21世纪海上丝绸之路	中国国务院副总理张高丽、柬埔寨首相洪森、新加坡总理李显龙、老挝国家副主席本扬、缅甸副总统吴年吞、泰国副总理塔纳萨、越南副总理范平明、东盟副秘书长年林
第十二届	2015年9月	共创21世纪海上丝绸之路——共创海洋合作美好蓝图	中国国务院副总理张高丽、缅甸副总统赛貌康、老挝副总理宋沙瓦、泰国副总理塔纳萨、越南副总理阮春福、东盟副秘书长林康宪

续表

届次	举办时间	主题	主要出席领导人（时任职务）
第十三届	2016年9月	共建21世纪海上丝绸之路，共筑更为紧密的中国—东盟命运共同体	中国国务院副总理张高丽、柬埔寨首相洪森、越南总理阮春福、缅甸第一副总统吴敏瑞、老挝副总理宋赛、泰国副总理巴金、东盟秘书长黎良明
第十四届	2017年9月	共建21世纪海上丝绸之路，旅游助推区域经济一体化	中国国务院副总理张高丽、文莱苏丹哈桑纳尔、柬埔寨首相洪森、越南常务副总理张和平、老挝副总理宋赛、泰国前副总理功·塔帕朗西、东盟副秘书长林康宪
第十五届	2018年9月	共建21世纪海上丝绸之路，构建中国—东盟创新共同体	中国国务院副总理韩正、柬埔寨首相洪森、菲律宾众议长阿罗约、柬埔寨副首相贺南洪、缅甸第一副总统吴敏瑞、老挝副总理宋迪、越南副总理王庭惠、老挝前副总理宋沙瓦、泰国前副总理功·塔帕朗西
第十六届	2019年9月	共建"一带一路"，共绘合作愿景	中国国务院副总理韩正、印度尼西亚海洋统筹部部长卢胡特、缅甸副总统吴敏瑞、柬埔寨副首相贺南洪、老挝副总理宋赛、泰国副总理兼商业部部长朱林、越南副总理武德担、文莱财政与经济第二部长刘光明、马来西亚贸工部部长雷金、新加坡贸工部高级政务部长许宝琨、菲律宾贸工部副部长马卡图曼、东盟副秘书长阿拉丁

资料来源：笔者根据中国—东盟博览会秘书处提供的资料及相关报道整理。

附表6　中国大陆省（区、市）1993年和2018年GDP对比

省（区、市）	1993年GDP（亿元）	2018年GDP（亿元）
北京	886	30319
天津	538	18809
河北	1690	36010

续表

省（区、市）	1993 年 GDP（亿元）	2017 年 GDP（亿元）
山西	680	16818
内蒙古	537	17289
辽宁	2010	25315
吉林	718	15074
黑龙江	1198	16361
上海	1519	32679
江苏	2998	92595
浙江	1925	56197
安徽	1037	30006
福建	1114	35804
江西	723	21984
山东	2770	76469
河南	1660	48055
湖北	1325	39366
湖南	1244	36425
广东	3469	97277
广西	871	20352
海南	260	4832
重庆	608	20362
四川	1486	40678
贵州	417	14806
云南	783	17881
西藏	37.4	1477
陕西	678	24438
甘肃	372	8246
青海	109	2865
宁夏	104	3705
新疆	495	12200

资料来源：笔者根据中国国家统计局数据整理，http：//data.stats.gov.cn/。

附表 7　　广东—东盟贸易统计（1999—2017 年）

年份	对外贸易总额（亿美元）	对东盟进出口总额（亿美元）	进口额（亿美元）	出口额（亿美元）	对东盟贸易占外贸百分比（%）
1999	777.05	96.45	64.73	31.72	12.41
2000	1701.06	133.66	91.25	42.41	7.86
2001	1764.87	149.58	103.20	46.38	8.48
2002	2210.92	199.24	137.55	61.69	9.01
2003	2835.22	264.86	191.87	72.99	9.34
2004	3571.29	322.93	230.23	92.70	9.04
2005	4280.02	369.01	253.22	115.79	8.62
2006	5272.07	441.49	294.82	146.67	8.37
2007	6340.35	559.60	354.61	204.99	8.83
2008	6834.92	626.49	379.94	246.55	9.17
2009	6111.18	633.02	364.73	268.29	10.36
2010	7848.96	806.27	492.97	313.30	10.27
2011	9133.34	931.55	552.60	378.95	10.20
2012	9839.47	931.61	552.64	378.97	9.47
2013	10918.22	1022.10	565.93	456.17	9.36
2014	10765.84	1122.86	609.99	512.87	10.43
2015	10227.96	1133.82	554.72	579.10	11.09
2016	9552.86	1157.14	573.11	584.03	12.11
2017	10066.80	1282.14	648.42	633.72	12.74

资料来源：贸易额来源于中国知网广东历年统计年鉴，百分比为笔者整理计算所得。

附表 8　　广西—东盟贸易统计（1999—2017 年）

年份	对外贸易总额（亿美元）	对东盟进出口总额（亿美元）	进口额（亿美元）	出口额（亿美元）	对东盟贸易占外贸百分比（%）
1999	17.53	3.69	0.80	2.89	21.05
2000	20.38	4.40	1.30	3.10	21.59
2001	17.97	4.19	1.60	2.59	23.32
2002	24.30	6.27	1.85	4.42	25.80

续表

年份	对外贸易总额（亿美元）	对东盟进出口总额（亿美元）	进口额（亿美元）	出口额（亿美元）	对东盟贸易占外贸百分比（%）
2003	31.92	8.26	2.74	5.52	25.88
2004	42.88	10.01	3.65	6.36	23.34
2005	51.83	12.24	3.93	8.31	23.62
2006	66.74	18.27	8.42	9.85	27.37
2007	92.77	29.08	11.74	17.34	31.35
2008	132.42	39.82	12.63	27.19	30.07
2009	142.06	49.48	13.31	36.17	34.83
2010	177.06	65.25	19.37	45.88	36.85
2011	233.31	95.58	27.33	68.25	40.97
2012	294.74	120.48	27.11	93.37	40.88
2013	328.37	159.14	33.30	125.84	48.46
2014	405.53	198.86	28.13	170.73	49.04
2015	512.62	290.13	95.58	194.55	56.60
2016	473.20	273.95	125.90	148.05	57.89
2017	577.07	282.66	125.13	157.53	48.98

备注：广西统计年鉴中 2016 年和 2017 年的对外贸易统计额单位为亿元人民币，笔者按平均汇率 1 美元 = 6.7 元人民币进行换算。

资料来源：贸易额来源于广西历年统计年鉴，百分比为笔者整理计算所得。

附表 9　　　云南—东盟贸易统计（1999—2017 年）

年份	对外贸易总额（亿美元）	对东盟进出口总额（亿美元）	进口额（亿美元）	出口额（亿美元）	对东盟贸易占外贸百分比（%）
1999	16.60	4.58	0.91	3.67	27.59
2000	18.13	4.53	1.05	3.48	24.99
2001	19.89	5.62	1.44	4.18	28.26
2002	22.26	6.24	1.99	4.25	28.03
2003	26.77	7.71	2.41	5.30	28.80
2004	37.48	9.62	3.14	6.48	25.67
2005	47.38	10.91	4.66	6.25	23.03

续表

年份	对外贸易总额（亿美元）	对东盟进出口总额（亿美元）	进口额（亿美元）	出口额（亿美元）	对东盟贸易占外贸百分比（%）
2006	62.32	16.42	5.33	11.09	26.35
2007	87.80	29.79	8.04	21.75	33.93
2008	95.99	27.63	8.11	19.52	28.78
2009	80.19	31.51	10.52	20.99	39.29
2010	133.68	45.76	16.76	29.00	34.23
2011	160.53	59.54	24.05	35.49	37.09
2012	210.05	67.64	30.88	36.76	32.20
2013	258.29	108.95	41.50	67.45	42.18
2014	296.22	143.15	55.92	87.23	48.33
2015	245.27	131.66	49.24	82.42	53.68
2016	199.99	118.33	57.07	61.26	59.17
2017	233.94	130.90	63.63	67.27	55.95

备注：统计年鉴部分年份单位为万美元，为统一单位，笔者采用四舍五入，保留至小数点后两位数。

资料来源：贸易额来源于云南历年统计年鉴，百分比为笔者整理计算所得。

参考文献

一　中文文献
（一）著作

北京大学"一带一路"五通指数研究课题组：《"一带一路"沿线国家五通指数报告》，经济日报出版社2017年版。

曹云华：《东南亚的区域合作》，华南理工大学出版社1995年版。

陈乔之等：《冷战后东盟国家对华政策研究》，中国社会科学出版社2001年版。

陈志敏：《次国家政府与对外事务》，长征出版社2001年版。

陈志敏、肖佳灵、赵可金：《当代外交学》，北京大学出版社2008年版。

丁学良：《中国的软实力和周边国家》，东方出版社2014年版。

伏润民、陈志龙、杨汝万主编：《中国西部开发与周边国家》，云南大学出版社2003年版。

高尚涛等：《国际关系中的城市行为体》，世界知识出版社2010年版。

古小松主编：《中国—东盟自由贸易区与广西》，广西人民出版社2002年版。

古小松主编：《中国与东盟交通合作战略构想：打造广西海陆空枢纽研究》，社会科学文献出版社2010年版。

国务院发展研究中心"一带一路"课题组：《"一带一路"经济走廊：畅通与繁荣》，中国发展出版社2018年版。

郝雨凡、林甦：《中国外交决策：开放与多元的社会因素分析》，社会科学文献出版社2007年版。

黄河、贺平主编：《"一带一路"与区域性公共产品》，上海人民出版社 2018 年版。

［新加坡］黄朝翰、赵力涛：《新加坡社会发展转型：新方向、新模式》，世界科技出版公司 2013 年版。

黄志勇主编：《广西沿边地区开发开放报告》，广西人民出版社 2014 年版。

黄志勇等编：《第三次大开放浪潮——广西实施以开放为主导的跨越式发展战略研究》，广西人民出版社 2014 年版。

黄志勇等编：《"一带一路"总抓手——中国与周边国家互联互通战略研究》，广西人民出版社 2016 年版。

雷珺：《中国—东盟司法合作研究（1991—2014）》，中国社会科学出版社 2016 年版。

李晨阳主编：《金三角毒品问题研究》，云南大学出版社 2010 年版。

李晨阳主编：《缅甸国情报告（2011—2012）》，社会科学文献出版社 2013 年版。

李富强主编：《中国与东盟合作史研究·政治卷》，民族出版社 2007 年版。

李红、方冬莉等：《中国—东盟合作：从 2.0 走向 3.0？》，广西师范大学出版社 2015 年版。

梁颖等：《中国—东盟政治经济互动及机制研究》，人民出版社 2016 年版。

刘邵怀主编：《中国面向西南开放重要桥头堡建设发展报告（2011—2012）》，社会科学文献出版社 2012 年版。

刘亚平：《当代中国地方政府间竞争》，社会科学文献出版社 2007 年版。

刘稚：《中国—东南亚跨界民族发展研究》，民族出版社 2007 年版。

刘稚主编：《推进云南境外罂粟替代种植可持续发展研究》，云南人民出版社 2010 年版。

刘稚、卢光盛主编：《大湄公河次区域合作发展报告（2016）》，社会科学文献出版社 2016 年版。

卢光盛：《地区主义与东盟经济合作》，上海辞书出版社 2008 年版。

卢光盛等：《地缘政治视野下的西南周边安全与区域合作研究》，人民出版社 2014 年版。

卢光盛、段涛、金珍:《澜湄合作的方向、路径与云南的参与》,社会科学文献出版社 2018 年版。

［美］罗伯特·基欧汉、海伦·米尔纳主编:《国际化与国内政治》,姜鹏、董素华译,北京大学出版社 2003 年版。

麻昌港:《中国—东盟双边关系和贸易一体化研究》,经济管理出版社 2016 年版。

马凯硕、孙合记:《东盟奇迹》,翟崑、王丽娜译,北京大学出版社 2017 年版。

墨白、江媛:《新定位大开放:云南建设面向南亚东南亚辐射中心纪实》,云南出版集团、云南人民出版社 2017 年版。

聂德宁:《全球化下中国与东南亚经贸关系的历史、现状及其趋势》,厦门大学出版社 2006 年版。

秦亚青等:《国际体系与中国外交》,世界知识出版社 2009 年版。

沈荣华编著:《中国地方政府学》,社会科学文献出版社 2006 年版。

石源华:《中国周边外交十四讲》,社会科学文献出版社 2016 年版。

宋晓天、杜新、郑军健主编:《中国—东盟博览会发展报告（2007）》,广西师范大学出版社 2008 年版。

孙亚忠:《政府竞争论》,南京大学出版社 2011 年版。

唐志军:《地方政府竞争与中国经济增长:对中国之"谜"中的若干谜现象的解释》,中国经济出版社 2011 年版。

屠年松、屠琪珺:《中国与东盟国家和谐关系论》,中国经济出版社 2018 年版。

王逸舟:《全球政治和中国外交》,世界知识出版社 2003 年版。

王逸舟主编:《中国对外关系转型 30 年（1978—2008）》,社会科学文献出版社 2008 年版。

王正毅:《边缘地带发展论:世界体系与东南亚的发展》（第 2 版）,上海人民出版社 2018 年版。

韦朝晖、陈万华:《面向可持续协调发展——广西与周边东盟国家互利合作》,广西师范大学出版社 2009 年版。

吴理财:《中国政府与政治》,华中师范大学出版社 2016 年版。

邢广程、林文勋、蓝平儿主编:《中国沿边开发开放与周边区域合作:中国社会科学论坛（2014）暨第五届西南论坛论文集》,社会科学文献出版社 2015 年版。

熊九玲：《城市国际角色研究》，北京出版社 2010 年版。

熊炜主编：《变革中的国际秩序与城市外交》，时事出版社 2019 年版。

鄢圣华：《中国政府体制》，天津社会科学院出版社 2002 年版。

杨光斌：《中国政治认识论》，中国社会科学出版社 2018 年版。

杨晓强、许利平主编：《海上丝绸之路与中国—东盟关系》，社会科学文献出版社 2015 年版。

杨祥章等：《中国—东盟互联互通研究》，社会科学文献出版社 2016 年版。

于建忠、范祚军：《东盟共同体与中国—东盟关系研究》，人民出版社 2018 年版。

云南社科院、广西社科院：《滇桂合作应对中国—东盟自由贸易区》，广西人民出版社 2003 年版。

张春：《地方参与中非合作研究》，上海人民出版社 2015 年版。

张鹏：《中国对外关系展开中的地方参与研究》，上海人民出版社 2015 年版。

张蕴岭、沈铭辉主编：《东亚、亚太区域合作与利益博弈》，经济管理出版社 2010 年版。

郑军健、刘大可：《通向中国—东盟命运共同体的新丝路》，世界图书出版公司 2017 年版。

郑永年：《中国的"行为联邦制"：央地关系的变革与动力》，邱道隆译，东方出版社 2013 年版。

郑永年：《中国模式：经验与困局》，浙江出版联合集团、浙江人民出版社 2010 年版。

中国—东盟博览会秘书处主编：《中国—东盟博览会概况》，内部资料，2018 年版。

中国—东盟博览会秘书处主编：《中国—东盟博览会发展报告（2018）》，广西师范大学出版社 2019 年版。

中国—东盟商务理事会中方秘书处主编：《中国—东盟互联互通》，中国铁道出版社 2011 年版。

中共中央宣传部：《习近平新时代中国特色社会主义思想三十讲》，

学习出版社2018年版。

中国人民银行：《2018年人民币国际化报告》（研究报告），2018年8月。

中国人民银行昆明中心支行货币政策分析小组：《云南省金融运行报告（2018）》（研究报告），2018年6月。

周黎安：《转型中的地方政府：官员激励与治理》，格致出版社、上海三联书店、上海人民出版社2017年版。

周平：《当代中国地方政府与政治》，北京大学出版社2015年版。

朱光磊主编：《中国政府发展研究报告（第3辑）：地方政府发展与府际关系》，中国人民大学出版社2013年版。

朱振明：《变动中的东南亚及中国与东南亚关系》，云南民族出版社2014年版。

（二）期刊论文

曹云华《借风使船——广西如何与广东合作共同开拓东南亚市场》，《东南亚纵横》2004年第7期。

陈博谦、王子诺：《中国文化中心的海外传播路径：以曼谷为例》，《燕山大学学报》（哲学社会科学版）2019年第2期。

陈福寿：《探析中国地方政府的对外事务》，《行政与法》2003年第12期。

陈俊宏：《"一带一路"下中国—东盟区域金融合作研究——以人民币东盟区域化为例》，《区域金融研究》2018年12月。

陈楠：《全球化时代的城市外交：动力机制与路径选择》，《国际观察》2017年第5期。

陈时勇、于洪羽：《云南、广西参与国际区域合作，实施"一带一路"战略的平台和机制比较研究——兼议滇桂合作》，《东南亚纵横》2015年第7期。

陈维：《中国城市外交：理念、制度与实践》，《公共外交季刊》2017年第2期。

陈志敏：《全球多层治理中地方政府与国际组织的相互关系研究》，《国际观察》2008年第6期。

崔庆波、陶存杰：《云南省与广西沿边开放新优势比较研究》，《东南亚纵横》2015年第5期。

崔绍忠、刘曙光：《中央政府和地方政府的经济外交职能及其关系》，《外交评论》2012年第3期。

范炳良：《国家外交形式的发展趋势》，《当代世界》2005年第3期。

方宝：《近十五年东盟国家来华留学生教育的变化趋势研究：基于1999—2013年相关统计数据的分析》，《比较教育研究》2015年第1期。

方长平、侯捷：《华侨华人与中国在东南亚的软实力建设》，《东南亚研究》2017年第2期。

冯峥：《中国地方政府参与国际制度：互动模式及实证》，《国际政治研究》2014年第6期。

福建省政府外事办：《以友城为纽带开展多领域的交流与合作》，《当代世界》2005年第3期。

高兴林：《国际职业教育助力"一带一路"教育行动——以云南民族大学中国—东盟教育培训中心为例》，《世界教育信息》2019年第4期。

郭镇之：《公众外交与文化交流：海外中国文化中心的发展趋势》，《对外传播》2018年第2期。

贺圣达：《21世纪初云南与东南亚的经济合作》，《思想战线》2004年第2期。

胡佳、王开茹：《地方政府跨国合作的动力机制与约束条件——"一带一路"背景下中国—东盟的案例研究》，《地方治理研究》2019年第2期。

黄志勇：《广西前两次大开放浪潮经验启示及其对掀起第三次大开放浪潮的对策建议》，《东南亚纵横》2013年第7期。

黄志勇：《广西服务中国—东盟命运共同体建设新方略》，《东南亚纵横》2014年第6期。

江长新：《日本次国家政府国际合作对我们的启示》，《才智》2011年第10期。

雷小华：《中国沿海沿边内陆地区构建对东盟开放型经济分析——以广东、广西、云南、四川为例》，《东南亚纵横》2013年第3期。

雷小华：《中国—东盟跨境经济合作区发展研究》，《亚太经济》2013年第3期。

李晨阳、杨祥章：《论 21 世纪以来中国与周边发展中国家的合作》，《国际展望》2017 年第 2 期。

李玫宇：《以博弈论分析广西、云南在中国—东盟自由贸易区的地位》，《东南亚纵横》2004 年第 1 期。

李敏：《改革开放后地方政府外事行为的转型与定位》，《中国市场》2008 年第 5 期。

李敏：《中国国家外事多层化格局问题研究》，《国家行政学院学报》2009 年第 1 期。

李向阳：《"一带一路"建设需防国家利益"地方化"政策误区》，《瞭望新闻周刊》2015 年第 8 期。

李玉敏、王光厚：《论区域合作与中国的和平发展》，《理论探讨》2007 年第 5 期。

李珍刚、胡佳：《中国—东盟跨国地方关系探析》，《广西民族大学学报》（哲学社会科学版）2007 年第 2 期。

[马来西亚] 李志良：《广西在中国—东盟合作中扮演的国际角色：东南亚学者的观点》，载《第七届中国—南亚东南亚智库论坛论文集（国外）》，2019 年 6 月。

[马来西亚] 林德顺、廖博文：《"一带一路"背景下中马"两国双园"模式现状、机遇与挑战》，《亚非研究》2018 年第 1 期。

林文勋：《"一带一路"战略与南方丝绸之路经济大走廊构想》，《云南师范大学学报》（哲学社会科学版）2016 年第 2 期。

刘聪：《"海上丝绸之路"助推广东与东盟合作升级》，《新经济》2014 年第 7 期。

刘方、丁文丽、林昱清：《人民币与东盟少数国家货币直接兑换的现状及政策建议》，《海南金融》2016 年第 10 期。

刘光溪：《人民币国际化路径选择与云南实践》，《中共中央党校学报》2012 年第 6 期。

刘建文：《广西在中国—东盟的次区域经济合作中的地位和作用》，《东南亚纵横》2008 年第 11 期。

刘雪莲、江长新：《次国家政府参与国际合作的特点与方式》，《社会科学战线》2010 年第 10 期。

刘稚：《云南在泛珠三角与东盟合作中的定位及发展》，《云南社会科学》2007 年第 5 期。

刘宗媛：《简析复兴"新丝绸之路"中的次国家行为者——以重庆市为例》，《俄罗斯研究》2015 年第 3 期。

卢光盛：《地方政府参与区域合作的国际制度分析——以云南、广西为例》，《东南亚南亚研究》2009 年第 2 期。

卢光盛、田福敏：《云南、广西与东盟国家的投资关系比较研究》，《东南亚纵横》2008 年第 7 期。

卢小平：《跨境经济合作建设的国际协同——以中国与东盟三国为例》，《中国特色社会主义研究》2016 年第 4 期。

罗圣荣：《云南省跨境经济合作区建设研究》，《国际经济合作》2012 年第 6 期。

梁运文：《中国—东盟合作中的广西作为：过去十年成果与未来十年战略》，《广西大学学报》（哲学社会科学版）2015 年第 1 期。

牛飞、牛嘉：《桥头堡建设与云南面向东南亚的次国家政府外交建设》，《中共云南省委党校学报》2011 年第 5 期。

任佳、李丽：《云南面向周边国家开放的路径创新》，《南亚东南亚研究》2018 年第 3 期。

任远喆：《次国家政府外交的发展及其在中国跨境区域合作中的实践》，《国际观察》2017 年第 3 期。

祁怀高：《中国地方政府对中韩建交的影响——以山东省的作用为例》，《当代韩国》2010 年第 4 期。

乔纲：《从"和平跨居"文化模式看瑞丽市跨境民众地区教育现状》，《文山学院学报》2015 年第 1 期。

全毅：《东亚区域合作的模式与路径选择》，《和平与发展》2010 年第 3 期。

邵建平、刘盈：《大湄公河次区域合作：东盟共同体的重要依托》，《国际论坛》2014 年第 6 期。

苏长和：《国际化与地方的全球联系——中国地方的国际化研究（1978—2008 年）》，《世界经济与政治》2008 年第 11 期。

苏长和：《中国地方政府与次区域合作：动力、行为及机制》，《世界政治经济》2010 年第 5 期。

孙宛永：《全球化时代的政府竞争》，《广东省社会主义学院学报》

2003 年第 4 期。

孙莹：《次国家政府的外交地位分析》，《现代物业·现代经济》2015 年第 2 期。

覃辉银：《建设 21 世纪海上丝绸之路战略下深化广东省—新加坡合作研究》，《东南亚纵横》2015 年第 7 期。

王国平、陈亚山：《新世纪以来云南面向东南亚南亚开放回顾》，《东南亚南亚研究》2012 年第 1 期。

王立军：《论地方政府国际行为的动力来源》，《科学与管理》2011 年第 6 期。

王胜：《澜湄合作海南在行动》，《今日海南》2016 年第 12 期。

王贤：《南部边疆省区发展东盟国家来华留学生教育的优势探析》，《高教论坛》2019 年第 3 期。

谢庆奎：《中国政府的府际关系研究》，《北京大学学报》（哲学社会科学版）2000 第 1 期。

徐大超：《地方政府参与国际合作问题研究》，《南阳理工学院学报》2013 年第 2 期。

云南省社会科学院课题组：《中国—东盟自由贸易区的建构与云南的对外开放研究》，《云南社会科学》2002 年第 5 期。

杨祥章：《大湄公河次区域合作与泛北部湾经济合作比较研究》，《东南亚纵横》2010 年第 3 期。

杨祥章：《南向通道：新加坡参与"一带一路"的新载体?》，《世界知识》2017 年第 20 期。

杨祥章：《我国地方政府参与中国—东盟合作的动力、进程与特点》，《和平与发展》2018 年第 4 期。

杨祥章、郑永年：《"一带一路"框架下的国际陆海贸易新通道建设初探》，《南洋问题研究》2019 年第 1 期。

杨亚非、陈禹静：《广西与东盟 10 年合作发展的轨迹与思考》，《东南亚纵横》2013 年第 8 期。

杨毅：《中国外交决策中的地方政府：以广西推动"泛北部湾经济合作"为例》，《理论月刊》2016 年第 5 期。

杨勇：《中国多层外交刍议》，《云南行政学院学报》2007 年第 1 期。

杨勇：《中国外交中的地方因素》，《国际观察》2007 年第 4 期。

翟崑、王丽娜：《"一带一路"背景下的中国—东盟民心相通现状实证研究》，《云南师范大学学报》（哲学社会科学版）2016 年第 6 期。

张金平：《次国家政府外交在"桥头堡"开放战略中的定位》，《学理论》2010 年第 18 期。

张卫彬：《次国家政府的国际法律人格探讨——兼论中国台湾地区参与国际事务问题》，《广东行政学院学报》2009 年第 5 期。

赵可金：《嵌入式外交：对中国城市外交的一种理论解释》，《世界经济与政治》2014 年第 11 期。

赵可金、陈维：《城市外交：探寻全球都市的外交特色》，《外交评论》2013 年第 6 期。

庄国土：《经贸与移民互动：东南亚与中国关系的新发展——兼论近 20 年中国人移民东南亚的原因》，《当代亚太》2008 年第 2 期。

邹春萌、杨祥章：《东盟 N－X 机制及其对孟中印缅经济走廊建设的启示》，《南亚研究》2016 年第 3 期。

周方银：《周边外交新形势与中国外宣新要求》，《对外传播》2019 年第 4 期。

（三）硕博论文

陈迪宇：《云南省与"大湄公河次区域经济合作机制"——地方政府在中国周边多边外交中的作用》，硕士学位论文，复旦大学，2009 年。

陈华丽：《地方政府在次区域合作中的作用——以广西参与东盟合作为例》，硕士学位论文，上海外国语大学，2012 年。

陈楠：《当代中国城市外交的理论与实践探索》，博士学位论文，华东师范大学，2018 年。

陈琦：《云南省境外罂粟替代种植企业综合绩效评价体系研究》，硕士学位论文，云南财经大学，2018 年。

丁湉湉：《全球视野下次国家行为体在对外事务中作用的发挥——以中国成都与英国谢菲尔德、伦敦城市外交为例》，硕士学位论文，北京外国语大学，2017 年。

冯翀：《次国家政府在国际合作中的作用——以新疆政府为例》，硕士学位论文，浙江大学，2014年。

郭钊：《次国家政府对国家外交的作用研究——以上海市为例》，硕士学位论文，上海交通大学，2011年。

黄其淮：《全球化时代地方政府参与对外事务的角色分析》，硕士学位论文，暨南大学，2005年。

金宇桦：《"次国家行为体"参与中国海外利益保护研究——以沪苏陇三省市为例》，硕士学位论文，南京大学，2019年。

李琳：《央地关系视角下的中国地方政府对外交往》，硕士学位论文，外交学院，2014年。

李莹：《中央外交与地方外事活动的协调方式研究》，硕士学位论文，外交学院，2013年。

刘莎妮：《论地方政府对中国参与东盟区域合作中的支持——以云南省为例》，硕士学位论文，上海师范大学，2013年。

罗睿：《云南边境地区突发事件应急管理研究——以中缅边境临沧段避战边民事件为例》，硕士学位论文，云南财经大学，2018年。

米萌：《云南沿边金融开放下跨境金融合作研究》，硕士学位论文，云南财经大学，2016年。

潘强：《中国边疆地区地方国际化动力机制探析——以广西壮族自治区为例》，硕士学位论文，北京大学，2015年。

王立军：《全球化背景下的中国地方政府国际合作》，博士学位论文，山东大学，2012年。

王义魏：《对外经济关系中的地方政府角色研究》，硕士学位论文，广西民族大学，2009年。

谢樱：《上海城市外交研究》，硕士学位论文，上海外国语大学，2012年。

许宴清：《全球化时代中国城市外交模式初探》，硕士学位论文，外交学院，2014年。

吴世韶：《中国与东南亚国家间次区域经济合作研究》，博士学位论文，华中师范大学，2011年。

杨勇：《全球化时代的中国城市外交——以广州为个案的研究》，博士学位论文，暨南大学，2007年。

叶涵：《云南省跨境人民币业务发展研究》，硕士学位论文，云南大学，2015 年。

赵宇：《中国—东盟人民币跨境支付平台问题研究——以沿边金融综合改革试验区为例》，硕士学位论文，广西大学，2017 年。

（四）政府文件

《福建省国民经济和社会发展第十三个五年规划纲要》，2016 年 3 月。

《甘肃省人民政府办公厅关于印发〈甘肃省通道物流产业发展专项行动计划〉的通知》（甘政办发〔2018〕87 号），2018 年 5 月。

《海南省国民经济和社会发展第十三个五年规划纲要》，2016 年 1 月。

《广东省国民经济和社会发展第十三个五年规划纲要》，2015 年 12 月。

《广西壮族自治区国民经济和社会发展第十三个五年规划纲要》，2016 年 2 月。

《广西壮族自治区人民政府办公厅关于印发〈广西加快推进中新互联互通南向通道建设工作方案（2018—2020 年）〉的通知》（桂政办发〔2017〕197 号），2017 年 12 月。

《国家发改委关于印发〈西部陆海新通道总体规划〉的通知》（发改基础〔2019〕1333 号），2019 年 8 月。

《国务院关于支持沿边重点地区开发开放若干政策措施的意见》（国发〔2015〕72 号），2015 年 12 月。

《国务院关于同意新设 6 个自由贸易试验区的批复》（国函〔2019〕72 号），2019 年 8 月。

《国务院关于印发 6 个新设自由贸易实验区总体方案的通知》（国发〔2019〕16 号），2019 年 8 月。

《澜沧江—湄公河合作五年行动计划（2018—2022）》，2018 年 1 月。

《云南省人民政府关于金融支持服务桥头堡建设的指导意见》（云政发〔2011〕202 号），2011 年 10 月。

《云南省人民政府关于加快推进边境经济合作区建设的若干意见》（云政发〔2012〕77 号），2012 年 5 月。

《云南省人民政府关于印发支持红河州河口跨境经济合作区建设若干政策的通知》（云政发〔2013〕141 号）。

云南省交通运输厅：《云南省水路交通发展规划（2014—2030 年）》，2014 年 4 月。

云南省商务厅、云南省人民政府外事办公室、云南省财政厅:《云南省驻境外商务代表处对标考核评价办法(试行)》,2015 年 9 月。

中国国家发改委、外交部、商务部:《推动共建丝绸之路经济带和 21 世纪海上丝绸之路的愿景与行动》,2015 年 3 月。

中国人民银行等:《云南省广西壮族自治区建设沿边金融综合改革试验区总体方案》,2013 年 11 月。

《中华人民共和国政府和新加坡共和国政府关于合作开发建设苏州工业园区的协议》,1994 年 2 月。

《中华人民共和国和新加坡共和国关于建立与时俱进的全方位合作伙伴关系的联合声明》,2015 年 11 月。

《云南省国民经济和社会发展第十三个五年规划纲要》,2016 年 4 月。

《中国—马来西亚钦州产业园区条例》,2017 年 7 月。

二 英文文献

(一) 著作

Brian Hocking, *Localizing Foreign Policy: Non-central Governments and Multilayered Diplomacy*, London: The MacMillan Press Limited, 1993.

David Criekemans ed., *Regional Sub-State Diplomacy Today*, Leiden: Martinus Nijhoff, 2010.

David M. Lampton ed., *The Making of Chinese Foreign and Security Policy in the Era of Reform 1978 – 2000*, California: Stanford University Press, 2011.

David S. G. Goodman ed., *China's Provinces in Reform*, London and New York: Routledge, 1997.

Duran, M., Criekemans, D. and Melissen, J., *Towards a "Third Wave" in Sub-State Diplomacy?*, Antwerp: Steupunt Buitenlands Beleid, 2009.

F. Aldecoa and M. Keating eds., *Paradiplomacy in Action: The Foreign Relations of Subnational Governments*, London: Frank Cass, 1999.

Gilbert Rozman ed., *China's Foreign Policy: Who Makes It, and How Is It Made?*, Seoul: Asian Institute for Policy Studies, 2012.

Hongyi Lai, *The Domestic Sources of China's Foreign Policy: Regimes,*

Leadership, *Priorities*, *and Process*, London: Routledge, 2010.

Hongyi Lai and Yiyi Lu eds., *China's Soft Power and International Relations*, London and New York: Routledge, 2012.

Hooghe, L., Marks, G. and Schakel, A., *The Rise of Regional Authority*, London: Routledge, 2010.

Ivo D. Duchacek, *The Territorial Dimension of Politics: Within, Among, and Across Nation*, London: Westview Press, 1986.

Jae Ho Chung, *Central Control and Local Discretion in China: Leadership and Implementation during Post-Mao Decollectivization*, Oxford: Oxford University Press, 2000.

Jae Ho Chung and Tao-Chiu Lam eds., *China's Local Administration: Traditions and Changes in the Sub-national Hierarchy*, London: Routledge, 2010.

James K. Chin, Nicholas Thamas eds., *China and ASEAN: Changing Political and Strategic Ties*, Hong Kong: Centre of Asian Studies, The University of Hong Kong, 2005.

John A. Donaldson ed., *Assessing the Balance of Power in Central-Local Relations in China*, London: Routledge, 2017.

John Fitzgerald, ed., *Rethinking China's Provinces*, London and New York: Routledge, 2002.

John Wong, Zou Keyuan, Zeng Huaqun eds., *China-ASEAN Relations: Economic and Legal Dimensions*, Singapore: World Scientific, 2006.

Kuznetsov, A. S., *Theory and Practice of Paradiplomacy*, London: Routledge. 2015.

Mingjiang Li, Chong Guan KWA, eds., *China-ASEAN Sub-regional Cooperation: Progress, Problem and Prospect*, Singapore: World Scientific, 2011.

Saw Swee-Hock ed., *ASEAN-China Economic Relations*, Singapore: ISEAS Publishing, 2007.

Saw Swee-Hock, John Wong eds., *Advancing Singapore-China Economic Relations*, Singapore: Institute of Southeast Asian Studies Publishing, 2014.

Saw Swee-Hock, Sheng Lijun, Chin Kin Wah eds., *ASEAN-China Relations: *Realities and Prospects*, Singapore: Institute of Southeast Asian Studies Publishing, 2005.

Vincent Pouliot, *International Pecking Orders: the Politics and Practice of Multilateral Diplomacy*, New York: Cambridge University Press, 2016.

Wang Yuzhu ed., *The Dynamics of ASEAN Cooperation and China-ASEAN Relations*, England: Paths International Ltd., 2014.

Wang Gungwu, Zheng Yongnian eds., *China and the New International Order*, London: Routledge, 2008.

Yong-Chan Kim ed., *Chinese Global Production Network in ASEAN*, Switzerland: Springer International Publishing, 2016.

（二）论文

Aileen S. P. Baviera, "China's Strategic Foreign Initiatives Under Xi Jinping", *China Quarterly of International Strategic Studies*, Vol. 2, No. 1, 2016.

Andre Lecours, "Paradiplomacy: Reflections on the Foreign Policy and International Relations of Regions", *International Negotiation*, No. 7, 2002.

Arnau Gutierrez Camps, "Local Efforts and Global Impacts: A City-Diplomacy Initiative on Decentralization", *Perspective*, Vol. 21, No. 2, 2013.

Audrye Wong, "More than Peripheral: How Provinces Influence China's Foreign Policy", *The China Quarterly*, No. 235, September 2018.

Chen Zhimin, Jian Junbo and Chen Diyu, "The Provinces and China's Multi-Layered Diplomacy: The Cases of GMS and Africa", *The Hague Journal of Diplomacy*, No. 5, 2010.

Joseph Y. S. Cheng, "China-ASEAN Economic Co-operation and the Role of Provinces", *Journal of Contemporary Asia*, Vol. 43, No. 2, 2013.

Lee Lai To, "China's Relations with ASEAN: Partners in the 21st Century?", *Pacific Review*, Vol. 13, No. 1, 2001.

Li Mingjiang, "Local liberalism: China's provincial approaches to relations with Southeast Asia", *Journal of Contemporary China*, Vol. 23, No. 86, 2014.

Linda Jakobson, Dean Knox, "New Foreign Policy Actors in China", Stockholm International Peace Research Institute (SIPRI) Policy Paper No. 26, September 2010.

Peter T. Y. Cheung and James T. H. Tang, "External Relations of China's

Province", in David M. Lampton ed., *The Making of Chinese Foreign and Security Policy in the Era of Reform* 1978 – 2000, California: Stanford University Press, 2011.

Sandra Poncet, "Economic Integration of Yunnan with the Great Mekong Subregion", *Asian Economic Journal*, Vol. 20, No. 3, 2006.

Tim Summers, "(Re) positioning Yunnan: Regional and Nation in Contemporary Provincial Narratives", *Journal of Contemporary China*, Vol. 21, No. 75, 2012.

Tim Summers, "China's 'New Silk Roads': Sub-national Regions and Networks of Global Political Economy", *Third World Quarterly*, Vol. 37, No. 9, 2016.

U Myint San, "The Role of SEZs and Economic Corridors in National Development", Presentation on Academic Symposium "China-Myanmar Sustainable Development and Cooperation under the China-Myanmar Economic Corridor", Yangon, 8th July, 2019.

Wang Lina and Zhai Kun, "China's Policy Shifts on Southeast Asia: To Build a 'Community of Common Destiny'", *China Quarterly of International Strategic Studies*, Vol. 2, No. 1, 2016.

Xiaobo Su, "Repositioning Yunnan: Security and China's Geoeconomic Engagement with Myanmar", *Area Development and Policy*, Vol. 1, No. 2, 2016.

Xiaobo Su, "Multi-Scalar Regionalization, Network Connections and the Development of Yunnan Province, China", *Regional Studies*, Vol. 48, No. 1, 2014.

Xu Bu and Yang Fan, "A New Journey for China-ASEAN Relations", *China International Studies*, No. 1, 2016.

Yang Xiangzhang, "The Lancang-Mekong Cooperation Mechanism: A New Platform for China's Neighborhood Diplomacy", *China: An International Journal*, Vol. 17, No. 2, 2019.

Zheng Yongnian, "Perforated Sovereignty: Provincial Dynamism and China's Foreign Trade", *The Pacific Review*, Vol. 7, No. 3, 1994.

（三）报告和规划

ADB, *Compendium of Transport Sector Operations in Southeast Asia*, 2012.

ADB, *The Greater Mekong Economic Cooperation Program Strategic Framework*（2012-2022）, 2011.

ASEAN, *Master Plan on ASEAN Connectivity*, 2010.

ASEAN, *Master Plan on ASEAN Connectivity 2025*, 2016.

International Crisis Group, *China's Myanmar Dilemma*, Asian Report No. 177, September 2009.

UNODC, *Myanmar Opium Survey* 2017, December 2017.

三 主要网站

东盟官网：http：//asean. org。

海峡时报：http：//www. straitstimes. com。

经济学人：http：//www. economist. com。

老挝苏州大学官网：http：//laowo. suda. edu. cn。

孔子学院总部/国家汉办：http：//www. hanban. edu. cn。

联合国：https：//www. un. org。

缅甸新视角论坛：https：//teacircleoxford. com。

世界城市和地方政府联合组织：https：//www. uclg. org。

新加坡之窗：http：//www. singapore-window. org。

亚太经合组织：http：//www. unescap. org。

央广网：http：//www. cnr. cn。

云南省人民政府网：http：//www. yn. gov. cn。

云南省商务厅：http：//www. bofcom. gov. cn。

云南省外办：http：//www. yfao. gov. cn。

中国—东盟中心：http：//www. asean-china-center. org。

中国国际友好城市联合会：http：//www. cifca. org. cn。

中国国家统计局：http：//data. stats. gov. cn。

中国教育部：http：//www. moe. gov. cn。

中国经济社会大数据研究平台：http：//data. cnki. net。

中国境外经贸合作区网：http：//www. cocz. org。

中国外交部：http：//www. fmprc. gov. cn。

中国政府采购网：http：//www.ccgp.gov.cn。
中国驻东盟使团经商处：http：//asean.mofcom.gov.cn。
中马钦州产业园区：http：//www.qip.gov.cn。
中新合作苏州工业园区建设 25 周年专题网：http：//news.sipac.gov.cn。

四　主要报刊

《重庆日报》
《光明日报》
《广西日报》
《人民日报》
《云南日报》
《中国经济导报》

后　记

　　诚如郑老师在序中所言，本书在我的博士学位论文《府际关系视域下的地方参与中国—东盟合作研究》基础上完成，也是我自2007年以来在学术道路上探索和积累的成果。这本书见证了我从懵懂被动的学术小白逐步成为略有所思的科研青椒，也凝聚着师友亲朋对我的关心、支持和期盼。

　　或许是在临近东南亚的地方性高校就读国际关系专业，硕导李晨阳研究员从事东南亚研究，我从读硕伊始自然而然地就对中国—东盟合作格外关注。犹记得尝试写的第一篇国际关系学术论文是关于中国—东盟博览会，主持的第一个科研项目是大湄公河次区域合作与泛北部湾经济合作的比较研究。随着在求学和工作的过程中陆续参与了越来越多涉及地方与东盟国家合作的科研活动，我萌生了从整体上研究地方参与中国—东盟合作的想法，并在郑老师的支持下，将其作为博士学位论文的选题。2016年11月至2017年11月，在国家留学基金委的资助下，我到新加坡国立大学东亚所访学。期间，我意识到中新两国共同倡导的陆海新通道是地方参与中国—东盟合作的亮点，在完成两篇小论文的同时，亦将其作为本书的一个重要案例。科研道路漫漫，庆幸的是，我已抛下了迟疑和犹豫，迈开了双脚。

　　本书的写作和出版得到了许许多多的支持和帮助。感谢郑老师悉心指导，并抽空作序。感谢云南大学李晨阳研究员、卢光盛教授、刘稚教授、吕昭义教授、孔建勋研究员、毕世鸿教授、张春研究员、罗圣荣研究员，北京大学翟崑教授，广西大学范祚军教授，新加坡南洋理工大学李明江副教授，广西社科院雷小华副研究员为本书提出了诸多有益的建议。感谢云南大学缅甸研究院、周边外交研究中心的诸位同事帮我分担工作，给我鼓励和信心。感谢调研过程中所有热心的接待和不吝赐教。同门、同学、朋友……还有很长一串需要感谢的名单，也并不是一句简单的谢谢就能表达我的感激，就暂且先记在心里吧。

感谢家人对我无条件的关爱。这些年从南到北，又从北到南，离不开家人，尤其是父母的理解和默默支持。现在他们又把对我的爱，延续到了我的下一代身上。谢谢我的先生杨晓鹏陪我从校园到现在，不仅主动成为合格的奶爸，还常常在我陷入写作瓶颈时予以开导。念念小朋友的到来，给我的生活和工作增添了新的动力和乐趣。

最后，感谢中国社会科学出版社马明老师的用心编辑，他精益求精的工作态度令我敬佩，也使本书得以更好地呈现在读者面前。囿于个人学识和时间精力有限，书中还存在诸多不足，望各位读者海涵并多多指教。

杨祥章

2021 年 5 月于昆明